suncolor

suncolor

擺脫不安的50個情緒修補練習

日本最懂情緒的精神科醫師
和田秀樹——著
伊之文／譯

凡事都有好壞兩面

唉，今年又不能出國旅行了。
點頭
期待很久的演唱會停辦了。
我常去的餐廳也關門了。
都是一些壞事！
不過，也不是只有壞事喔！
微笑
微笑
咦？什麼意思？
比方說，疫情期間在家上班，工作時間很彈性！
不必擔心上班遲到
對吔，不用再搭人擠人的班車了！
啊！
真的吔！
而且，線上聚餐的話，就不用趕末班車！
等等我啊！
對喔！
像這樣正面思考比較好！
這樣也不錯！
對吧？
沒錯！
乾杯！

關注事物「好的一面」，生活更好過

舉個例子，若某人的個性優柔寡斷，反過來說就是深思熟慮。同樣的，專斷獨行可以代換成獨立自主；輕率換句話說就是不拘小節。也就是說，凡事都有好壞兩面。

當社會情勢動盪不安時，人往往會受到事物「壞的一面」影響而變得悲觀，但我希望大家在這種時候更要記住：凡事都有好壞兩面。

當你感到不安，就想一想當下的壞事有沒有好的一面，如此就能夠冷靜面對了。

電視看太多會讓日子更難過

這波豪雨為周邊區域帶來的災害越來越大了！
狂風暴雨
天啊，好慘！
不知道天災何時降臨……
好可怕！
我們家沒問題嗎？
咚咚
老年生活要兩千萬日圓才夠用。
什麼？居然要那麼多嗎？
嗞—
唉，未來堪憂啊……
看電視好了。
銀髮族引發的車禍層出不窮！
新聞
高齡者車禍頻發
又有老人開車出事了！
真該收回他們的駕照！
啊啊啊～我受夠了！
拍桌
最近都是壞消息……
這個社會到底怎麼了？
無力
好累……

為什麼越常看電視就越容易不安呢？

打開電視收看新聞報導，發現怎麼看都是壞消息。如果你有這樣的印象，這並不是錯覺。

大家都知道的日常消息不能當作新聞，無法吸引觀眾，所以電視台會選擇性地報導更聳動的內容。

也許電視台的製作單位並非故意要讓觀眾感到不安，但只要他們選擇播報有收視率的新聞，觀眾看到的就都是壞消息。

知道這個事實之後，大家應該就能冷靜判斷，了解電視上那些令人不安的事，其實發生率很低。

為什麼人會害怕發生機率低的事情呢？

什麼！發生了隨機殺人案!?
叮咚
居然就在這附近！
太可怕了，趕快回家。
好恐怖！
我們是市公所的宣傳車。
嗶嗶
○○市安全
咦？
最近有住戶遭人闖空門，
大家出門時，請記得把門窗鎖好。
闖空門？
我家也危險了！
快快快！
呀啊
拔腿狂奔
砰！
上鎖
…
呼啊
呼啊
△×☆……
我不敢出門了……
以後少外出好了。
還是乾脆搬家算了？

你是不是容易杞人憂天呢？

讓人陷入不安的因素五花八門，無窮無盡。只要想到所有擔心的事都會發生，就連門都不敢出了。

如同這幅漫畫所畫的，的確有人遇到了隨機殺人或遭小偷闖空門。只要一想到這些事，如果發生在自己身上就心驚膽跳。

但是，這些倒楣事實際發生在自己身上的機率，其實有些高有些低。如果我們了解壞事發生的機率有多高，就知道要從哪一件事開始預防。

不要對發生機率低的事情杞人憂天，只要留意機率高的事情就好。

即使不安焦慮，也有你能做的事

只是擔心，情況也不會好轉

這是個瞬息萬變且前景不明的時代，許多人都和漫畫裡的上班族一樣，對自己的將來感到悲觀與不安。

可是，只要活著，造成不安的因素就永遠不會消失。再說，光是沮喪也無法改善現況。

既然如此，與其消除不安，不如先找找有沒有現在的你能做的事，並且實際行動。

積極行動不但無害，而且還充滿改變的希望，可能會在未來開花結果而幫到自己。

前言 練習拒絕不安綁架

不安這種情緒相當棘手。無論是遇到轉帳詐騙，或是苦於慣老闆不合理的勞動條件，都和不安的情緒有關。和別種情緒相較之下，不安對人生造成的傷害更大。

二〇二〇年，新冠肺炎疫情延燒，在社會上引發極大的混亂。根據「麥肯傳播集團（McCann Worldgroup）第六回全球調查」在七月和八月所進行的調查，因疫情嚴峻而感到不安的日本人占了六十九%。比起疫情更嚴重、死亡人數更多的義大利（五十%）和美國（五十一%），**日本人對新冠肺炎更加感到不安**。

然而，人們害怕疫情而減少外出的後果卻是罹患憂鬱症，甚至自殺，光是二〇二〇年十月的自殺人數就比去年增加了六百多人。此外，罹患「運動障礙症候群」（Locomotive Syndrome）的人同時也顯著增加。這是一種運動器官的疾病，會導致人臥床不起或需要照護，而銀髮族罹患此疾病的風險已成了社會問題。

人們甚至因疫情而減少出入醫療院所，導致糖尿病等宿疾惡化，甚至還錯失早期發現癌症的機會。

我身為精神科醫師，一直警告大家要小心疫情憂鬱，但也面臨了患者幾乎都不願意前來看診的困境。

上述的原因都表示，人們因為對疫情的憂慮而忽視其他潛在風險，使弊病逐步成真。

向森田療法學習面對不安

首先要冷靜下來，**找出什麼事情才是最該擔心的，並且採取適當的行動**。這是一位名叫森田正馬（一八七四—一九三八）的精神科醫師所提倡的精神療法。

森田療法主張，**如果想要消除不安，反而會促使不安的情緒繼續增長**，所以它採用的方法不是調控不安的情緒，而是把焦點放在患者對不安的態度和行動，藉此進行治療。因此，首先要思考**原本的目標是什麼**。

舉例來說，森田醫師曾經問病人：「你為什麼對臉紅感到困擾？」病人回答：

「因為我擔心別人會討厭我。」於是，森田醫師便告訴他：「也就是說，只要能討人喜歡，就算臉紅也無所謂對吧。世界上有些人就算臉紅也很受人歡迎，但也有很多人即使臉不紅同樣惹人討厭。所以，你的目標不是改善臉紅，而是要想一想如何才能受歡迎。」

只要知道原始目標是什麼，就能夠找出達成目標的方法並展開行動。

這樣的概念也能應用在對疫情的憂慮上。要是只想著防疫而損害身心健康，那就本末倒置了。

若考慮到原本的目標是活得健康，就要適度外出，增加運動量並努力提升免疫力。如有必要就去醫院求診，把心思放在維持健康的生活。除了身體健康之外，心理健康也很重要。在罹患憂鬱症的病人裡，十人中有一人會自殺未遂，一百人中則有一人會死於自殺。

為了預防疫情憂鬱，**這個時候更要拿出行動力**。例如定時曬太陽，以及利用遠距通訊軟體和親友保持交流等等。

抱著不安的心情展開行動

市面上有許多書籍或課程都在教人消除不安，遺憾的是，不安的情緒不可能完全消除。對疫情的憂慮也一樣，除非疫苗普及或疫情完全平息，否則人們仍然會感到不安。但是，我們可以選擇不要被不安綁架，也就是接受不安，與它共處。

森田醫師認為，人之所以會感到不安，是因為求生欲望很強烈。人有健康長壽的欲望，所以會擔心自己的健康狀況。既然如此，我們可以把不安變成健康過生活的動力。

即使心有不安，但只要做好該做的事，就能緩和這樣的情緒。在這次新冠疫情中，一直有人抱持「經濟損失重於健康風險」的論調。事實上，公司確實有可能倒閉而導致員工失業，或是業績惡化而裁員。

然而，即使人們憂心會失業，還是可以實際採取對策，例如精進英文能力或經營副業。重點在於，要思考「怎麼做才能幸福」並展開行動。若情況允許，趕緊逃離現在的公司也無妨。

所謂知難行易，實際去做之後才發現比想像中簡單是常有的事。不以消除不安為目標，而是找出現在能做的事並實際行動，就能緩解不安了。

因應時代變化

時代正在轉變。許多公司因應疫情而開始讓員工居家辦公，今後這樣的潮流或許會更興盛，甚至成為常態。

我除了是精神科醫師之外也是電影導演，近幾年電影業界也發生很大的變動，往後在串流平台上看電影可能會成為主流，但進電影院看大銀幕的風潮也可能復活。無論如何，人們都只能因應時代潮流，把該做的事做好。

本書將以森田療法的理論為基礎，搭配圖解，為各位讀者介紹拒絕不安綁架並和平相處的祕訣。我再強調一次，不安不是壞事，關鍵在於別被不安的情緒牽著鼻子走。願本書能幫助各位讀者，將不安情緒化為具有建設性的動力來源。

和田秀樹

〈目錄〉

第 1 章

面對不安的 10 個基本祕訣

POINT 5

你是不是安於現狀呢？

維持現狀只是擱置問題。
即使有點冒險，
也要想想還能做些什麼。

➡ P.40

POINT 6

懷抱著不安，享受自由

一個決定就能讓你獲得自由。
自由有兩個面向，
雖然令人不安，但也感到興奮。

➡ P.44

POINT 7

任何人都有休息的權利

認真的人總是認為自己
不能休息，
但勸你放過自己吧！

➡ P.48

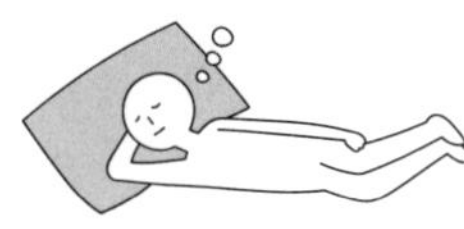

POINT 8

要和別人不一樣

追求「和大家一樣」
會讓你不幸，
去實現屬於自己的幸福吧！

➡ P.52

POINT 9

找找看因應對策或解決方法

每一件事都有方法解決。

➡ P.56

POINT 10

果斷地認為「最糟糕的情況不會發生」

為了最糟糕的情況擔驚受怕
並不理性。

➡ P.60

面對不安的

10 個基本祕訣

活在世上多少會感到不安，
但只要和不安好好相處，
就能將它化為動力。

POINT 1

不安背後隱藏著欲望

會不安是因為我們有欲望，
要過著善用欲望的生活。

➡ P.24

POINT 2

找出能做的事

將不安放在一邊，
先找出當下能做的事。

➡ P.28

POINT 3

不要只看眼前的問題

當你被不安的情緒影響，
注意力往往只會放在眼前的
問題上，反而忽略更重要的
事物。

➡ P.32

POINT 4

嘗試各種可能性

每件事的做法都不止一種，
要嘗試各種選項。

➡ P.36

面對不安的
10 個
基本祕訣

1

讓不安全感成為生活動力

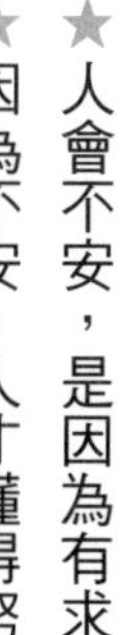

★人會不安，是因為有求生欲望。
★因為不安，人才懂得努力。
★思考如何把不安化為動力。

不安讓人有動力工作和學習

絕大多數的人都會感到不安，有些是針對未來，有些則是擔心人際關係與健康問題。儘管如此，我們不必拚命擺脫不安。只要用正確的觀念面對這個情緒，就能化為動力，激勵自己認真工作或學習。

有大學考生向我諮詢：「我好怕會落榜，提不起勁讀書。」、「距離大考越

近，我就越睡不好。」我總是告訴他們：「你會不安是理所當然的，如果不怕考試落榜的話，就沒有人會念書了。」

每個人都會擔心落榜而不安，但**人類就是會為了抹去不安而努力**。我認識的企業家曾表示他們每天都不安焦慮，正因為有這樣的自覺，並且將不安轉換成動力，如此才能做出商場上的重大決策。

善用不安背後隱藏的「求生欲望」

精神科醫師森田正馬所發明的森田療法主張，**人的不安是出自求生欲望**。例如害怕惹人討厭的人，有著想討人喜歡的求生欲望。反過來說，如果一個人不想討人喜歡，就不會對人際關係感到不安。同樣的道理，不用考試的人當然不會擔心自己考不好。

換句話說，害怕落榜就是因為想要考上的欲望很強烈。既然如此，考生就更該善用這種求生欲望。

森田醫師說：「人要順從自己的欲望。」以考生為例，便是順從想要考上的欲

望並展開行動。即使當下成績不好，只要順從自己的欲望就自然會採取具體的行動。例如尋找適合自己的讀書方法，或是換一本參考書。

當你感到不安，就想一想原因是什麼。若擔心會生病，就表示你有想保持健康的欲望，只要找出有益健康的方法，並且實踐它即可。

人會出於不安而努力。

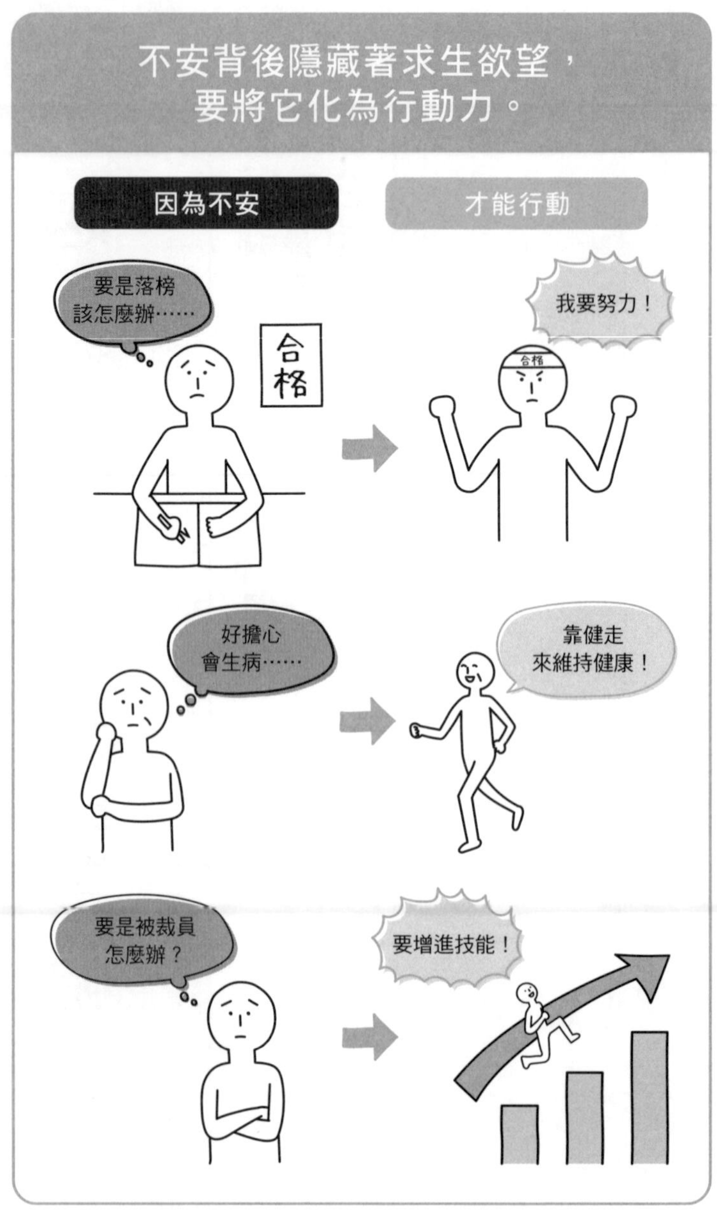
不安背後隱藏著求生欲望，
要將它化為行動力。
因為不安
才能行動
要是落榜
該怎麼辦……
合格
我要努力！
合格
好擔心
會生病……
靠健走
來維持健康！
要是被裁員
怎麼辦？
要增進技能！

2

越在意越容易讓不安增幅

★在腦海中想像悲觀的未來，這稱為「預期性焦慮」（anticipatory anxiety）。
★想越多，預期性焦慮越嚴重。
★要找出負擔不大且能實踐的行動。

悲觀的思考方式會讓不安加劇

以下是我認識的上班族A的故事。A在公司負責很重要的專案，他在某次會議中因為太緊張而強烈心悸。他越著急，心悸就越嚴重。不但滿身大汗、呼吸不順，甚至還頭暈想吐。

要經過一段時間，等他冷靜下來，身體狀況才能恢復正常。但從此之後，只要

快到開會時間，他就會心悸或是心生不安。

A這樣的情況在精神科或身心科會被診斷為恐慌症（panic disorder）或焦慮症（anxiety disorder），有些人雖然沒這麼嚴重，但是會習慣性負面思考。

「要是在地下車站遇到大地震而受困怎麼辦？」

「走在大街上搞不好會遇到隨機殺人！」

有些人會把注意力放在這些令人擔憂的事情上，越想越不安。

試著採取具體的行動

站在悲觀的角度預測未來，事先未雨綢繆並不是壞事，假如遇到麻煩時什麼都沒準備，當下會很難冷靜應變！不過，要是把未來想得太悲觀，而引發預期性焦慮就不妙了。

在精神醫學的領域，**預期性焦慮是個大問題。它是指一個人擔心將來可能會發生壞事，想像自己即將迎接悲觀的未來。**事情還沒發生，所以只是想像。

過度悲觀看待事物的人，往往會過度擴張不安，反而找不到具體的應對方法。

相較於此，不會被不安綁架的人，會從務實的角度來面對情緒，找出達成度門檻低的事來做。

他們會先做再說，等結果出來後再考慮之後的事。做了之後會發現比想像中簡單，**重點在於先踏出辦得到的一小步**。

不要想太多，先行動再說。

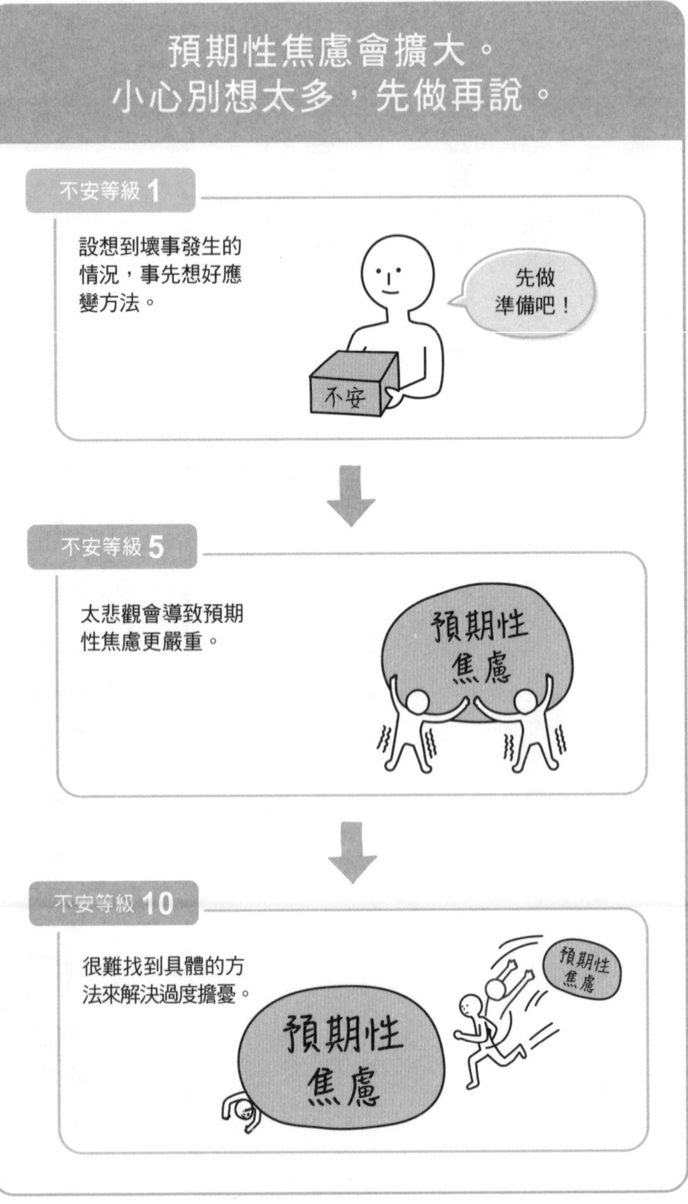
預期性焦慮會擴大。
小心別想太多，先做再說。
不安等級 1
設想到壞事發生的情況，事先想好應變方法。
先做準備吧！
不安
不安等級 5
太悲觀會導致預期性焦慮更嚴重。
預期性焦慮
不安等級 10
很難找到具體的方法來解決過度擔憂。
預期性焦慮
預期性焦慮

面對不安的
10個
基本祕訣

3

被情緒支配，就會下錯判斷

★不安的人會把問題想得太嚴重。
★只在意眼前的不安，就看不出更重要的問題。
★任何人都可能因為不安而誤判。

不安會蒙蔽人的雙眼

被不安綁架的人往往把眼前的問題看得最嚴重，若把注意力都放在上面，就一定會做出錯誤判斷。例如二〇二〇年的疫情期間發生多起犯罪事件，有人趁亂散播「有特效藥」或「可領取保險給付」等等假訊息。

B先生就是受騙上當的其中一人，他經營的餐廳在政府發布緊急事態宣言後業

續直直落，讓他對未來感到焦慮。

這時，他收到來自總務省（類似台灣的行政院主計總處）的訊息，內容寫著「第二波特別給付申請網站已設立」，只要點選連結並輸入個人資料，就能輕易完成申請手續。

總務省不可能在沒有公開發布消息的情況下發送訊息，但B先生**因為太著急而在假網站輸入了個人資料**。換作是平時一定會發現這是詐騙，但不安讓他做出錯誤判斷。

罪犯會巧妙利用人們的不安

再舉個例子，轉帳詐騙也是巧妙利用不安情緒的犯罪。

「您的兒子盜用公款，就要被開除了，而且還會留下前科，但只要馬上準備賠償金就沒事了。」

這是詐騙集團慣用的手法，事後想想會發現許多不合常理的地方，但對方會聲稱「在下午三點之前匯款就不會留下紀錄」，讓人有時間壓力，心生恐懼。而且，

詐騙集團會說：「我們私下解決，不要告訴任何人。」讓受害者無法找別人商量而受騙。

而且，並非只有長輩才會因為不安而做出錯誤判斷。就有一流大學畢業的人，擔憂業績不好而飯碗不保，最後選擇做假帳。沒想到做假帳曝光的後果，真的是個不明智的選擇，但**被不安牽著鼻子走的人就是會判斷錯誤**。

不安會蒙蔽雙眼，
讓我們看不見真正重要的事。

平常很謹慎的人
也會因為不安而下錯判斷。
1 把當下的問題想得太嚴重
盜用？
2 被情緒左右判斷
我得在 3 點之前匯款才行！
3 受騙上當
ATM
只要趕快匯款，兒子就沒事了！

4

認定「只有一條路可走」只會更痛苦

★想獲得幸福有很多方法。
★要去發掘其他選項。
★要有餘力享受各種路徑。

人生的選項不止一個

假設有人就讀開成高中和東京大學，畢業後進了財務省（類似台灣的財政部）當官，卻因為工作失誤而沒能升遷，最後選擇自殺。許多人聽到這種新聞都說：「菁英就是沒經歷過挫折，才會碰到一點小失敗就自殺。」

可是，我認為他自殺的原因並非只是沒受過挫折，而是**沒有察覺還有其他可**

能。假如沒考上開成高中，即使就讀其他學校也能以進入東京大學為目標。這樣一想，即使沒考上開成高中也不必沮喪。

即使沒考上東京大學，還是有其他管道能夠當官。即使進不了財務省，還是可以選擇當政治家或大學教授。

假設最終目標是獲得幸福，方法要多少有多少。當一個人認定人生還有其他可能，對不安的抵抗力就會很強。相反的，若是認為「路只有一條」，就會被不安壓垮而痛苦。

找出各種可能性

有些考生認為「這題寫不出來就無法繼續」，在同一題上花太多時間，但有些考生即使解不開眼前的題目也完全不在意，而是換下一題。

懂得進入下一題的考生不會緊張，能夠專心念書。儘管念書時間一樣長，他們學習起來就是比別人更有效率。

相較之下，有些考生對解不開的題目會非常執著，停在同一個地方一直想。即

使拚命努力，讀書效率還是很差。最後，會通過考試的還是那些「寫不出來也不在意」的學生。

總而言之，一旦被情緒影響就只會注意眼前的問題，看不見真正的目標。明明還有其他路徑能夠抵達目標，卻選擇最難走的那條路。

保有餘力享受各種路徑是很重要的。

要獲得幸福有很多方法。

通往幸福的路不止一條，要嘗試各種可能性。

這條路走不通，就找找其他方法。

5

你是否安於現狀？

★是人都不想吃虧的心理很強烈。
★人在安逸的狀況下，只會不安。
★別急著擺脫不安，積極向上更重要。

忍受不自由就能安心過活嗎？

有些人認為：「一直換工作對職涯規劃很不利。」因此，即使他們對現在的公司有很多不滿，還是忍著不辭職。可是，這只是在逃避不安罷了，而不是積極去尋找更適合自己的工作。

比起冒險犯難，人更傾向不吃虧。也就是說，「做了會失去什麼」比「做了會得到什麼」讓人更有動力。舉例來說，即使公司說要幫員工加薪，大家也不一定會更努力工作，但公司若威脅要減薪，員工就會更拚命努力。日本的薪資水準長年沒有提升，原因或許就在這裡。

這種規避損失的心態經常讓人吃虧。**把重點放在真正的目標上才是最重要的**，不是嗎？

維持現狀只是擱置問題

即使改變會帶來不安，你也不能只想維持現況。比方說，若你被迫承受不合理的勞動條件，就要向公司所在地之勞工局申訴。你或許會擔心去檢舉會對自己不利，但是這幾年檢舉已經變得比以前容易。假如你不願意去檢舉，就應該尋找其他選項，例如轉職。

若你總是默默忍受，就會被迫承受更不合理的待遇，因為資方就是吃定你會忍耐。這就是為什麼被不安綁架的人越會被迫忍耐。

要在維持現狀的情況下擺脫不安是不可能的。即使你以為現狀沒有改變，但其實負荷越來越重。維持現狀只是將問題擱置不管。除非有一天真的改變，否則就會永遠吃虧。

不要安於現狀，而是採取行動。

一味忍受只會讓情況更糟糕。
維持現狀的人
跳脫舒適圈的人
雖然工作很辛苦，但還是繼續做比較安心。
這種情況根本不合理！
被迫忍受
毅然採取行動
工作變得更辛苦！
我要跳槽！
最後甚至更不幸
獲得幸福
怎麼這樣！
新公司好多了！
裁員

面對不安的
10 個
基本祕訣

6

自由必定伴隨不安

★不必因為不安而一再隱忍。
★任何人都能自己做決定，選擇自由的道路。
★享受自由就是品嘗不安。

自由讓人不安又期待

要不要跳脫現況是個人自由，但許多人都會捨棄自由，選擇忍耐。我完全了解選擇自由會令人不安。自己做的決定若失敗了就必須親自負起全責，怪不了別人。

不過，不安中卻充滿了樂趣，這就像是第一次一個人出國旅遊，不但語言不通，還沒有人可以依靠，每個行動都要自己決定。雖然很不安，卻也令人興奮。

假設你離開現在這個需要隱忍的職場，還是能找到新的工作。你只是不知道新工作是什麼而已，多半不會失業一輩子。

再說，上班也不是唯一的路。也可以創業成立商號或工作室，成為自由工作者。或是白天去公司上班，利用晚上或週末做副業。若能靠副業增加額外收入，就可以擺脫公司的束縛了。

無論如何，只要你肯下決定，就能嘗到自由的滋味。

任何人都能過得自由

即使現在的人際關係斷絕，以後還是能建立新的，其中也有些人際關係不會改變，例如家庭和友誼。

到了緊要關頭，還是可以仰賴家庭或政府。倘若你一再忍耐，身心崩潰就得不償失了。

你要有一顆追求自由的心。**任何人都能選擇走上自由的道路**，不必惴惴不安或不斷吞忍。你可以這樣想：「**享受自由，就是感受不安。**」

只要心想「我在其他領域也活得下去」，內心就能常保安穩，放輕鬆去開拓更多可能性，過更滿意的人生。

自由就是享受不安。

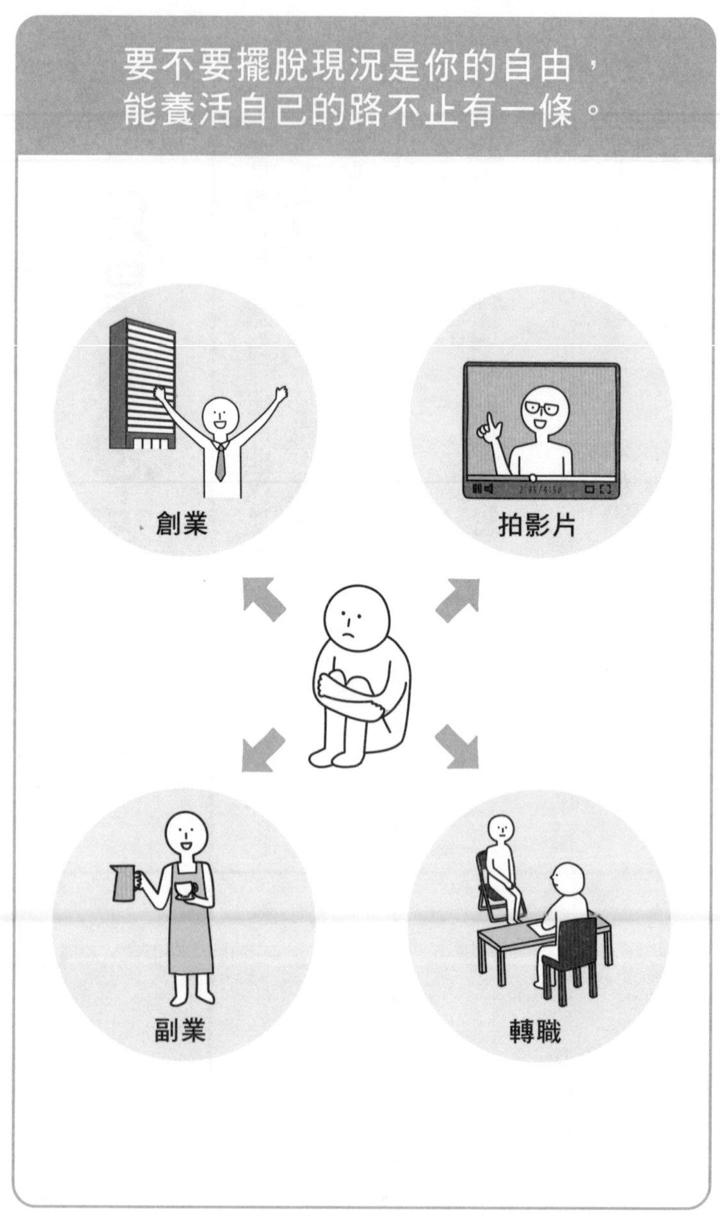
要不要擺脫現況是你的自由，
能養活自己的路不止有一條。
創業
拍影片
副業
轉職

面對不安的
10 個
基本祕訣

7

「請假會給別人添麻煩」只是你想太多

★認真的人往往認為自己不能休息。
★一、兩個員工請假，公司也不會停止運作。
★組織是靠團隊的力量支撐。

認真的人容易掉進「不能休息」的陷阱

許多現代人都過得相當忙碌，想要努力完成眼前堆積如山的工作。**在公司裡，越認真的員工越會覺得自己不能請假**。

若有人建議工作狂稍微休息一下，他們就反駁：「我請假會讓工作停擺，造成其他部門的麻煩。」

認真的人即使身心俱疲還是會硬做，不會想到要請假或是把工作交給部下來減輕自己的負擔，一心認定凡事要親力親為。

龐大的工作量會讓人誤以為自己絕對不能休息，無法做出「偶爾也要休息才不會身心俱疲」這種符合常理的判斷。

一個人請假並不會造成公司的困擾

沒有任何一間公司的業務會因為一、兩個員工沒來上班就停擺，就像是即使有人得了流感請病假或喪假，公司仍然能夠照常運轉，靠有來上班的員工設法彌補。

那些一心想著「我不能休息」、「我得努力才行」的人，處於被不安壓垮的狀態，要是繼續硬撐，很可能會導致無法挽回的後果。

但是他們卻因為害怕失去歸屬而咬牙硬撐著，結果就是身心俱疲，這樣的人屢見不鮮。

我本身也是勞工健康服務醫師，實際接觸過許多太認真工作的員工。

我給他們的建議是：「當你請假時，有責任填補工作缺口的人是公司而不是

你，所以好好休息吧。」

因為組織並不是靠你一個人的力量撐起來的。

身心勞累會讓人做出不符合常識的判斷。

越認真的人越會硬撐，
不要將自己逼入絕境。
被工作
追著跑
自己攬下
大量工作
工作
工作
工作
工作
工作
身心俱疲
認真的人會
陷入惡性循環
就算你請假，工作也不會停擺。

8

「想跟大家一樣」的不幸時代

★「什麼都不做」才不會幸福。
★在經濟高度成長期，很多人都會為了實現夢想或目標而行動。
★在格差社會中，「和大家一樣」代表集體貧困。

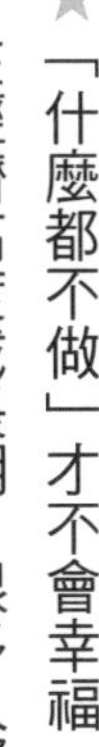

群體意識的安心感？

有些人不願正視不安的情緒，一心想要擺脫它。他們採取的方法有兩種，一是什麼都不做，二是採取和大家相同的行動。人一旦進入公司這樣的組織，即使受到不合理的待遇還是不敢離開，彷彿和同溫層的人在一起才安心。

從前，當日本正處於經濟高度成長期時，只要認真上班就能出人頭地，即使做出來的成果不盡如人意也不用擔心被開除，保證能夠工作到退休為止，薪水也會隨著年資成長。

或許大家都沒意識到，社會上瀰漫著一股「和大家一樣」的安心感。

有趣的是，在大家都同等幸福的那個年代，其實有很多人都不想和大家一樣，而想要追求更大的幸福。懷抱著「我要贏過同事」、「我要比鄰居過得更好」的夢想和目標，並努力實現。

集體貧困時代到來？

當經濟低迷，越來越多人會想「反正我和大家都一樣不幸福」而選擇安於現狀。但我反而認為經濟低迷時，才更應該懷抱夢想和目標。

當貧富差距再加劇，就會出現一％的富裕階層和九十九％的貧困階層，那麼「和大家一樣」就表示你將身處集體貧困的狀況。

如果你安於現況，薪資就只會越來越低，在嚴苛的勞動環境中也無法存錢，導

致對未來更不安。

就像霸凌問題的根本原因是害怕被眾人排擠。不管是霸凌者還是被霸凌者都是如此，所以霸凌才無法根絕。總之，「和大家一樣」會招來不幸。

「和大家一樣」往往讓人不幸。

從集體幸福到集體不幸的時代。

經濟高度成長期

我還不滿足！
我要賺更多！
我要更幸福！

➡「和大家一樣」也能幸福。

貧富差距的時代

富裕階層占 1%
貧困階層
占 99%
雖然和大家一樣，
生活卻越來越困苦。

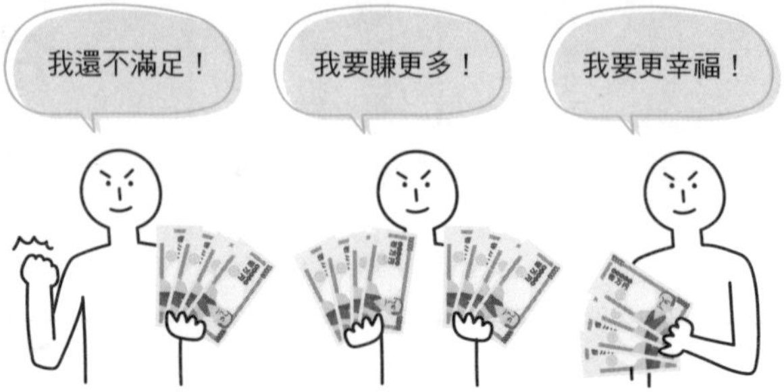

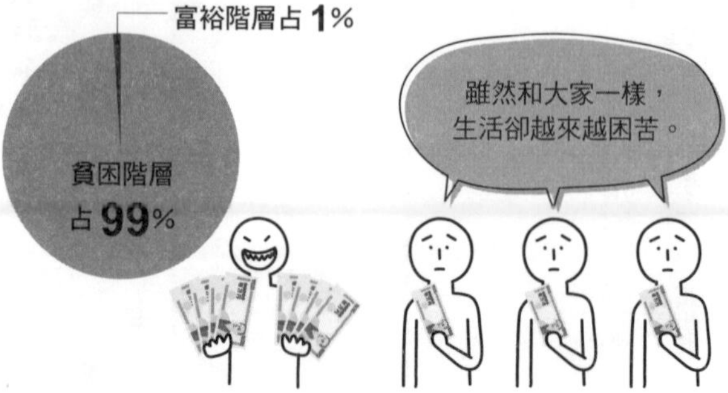

➡ 因為「和大家一樣」而不幸。

面對不安的
10個
基本祕訣

九成的不安來自無知

★什麼都不做＝自我放棄。
★找出對策或學習技巧，人生更順利。
★學會主動搜尋資訊和知識。

凡事都有對策和方法

有個年輕男性很煩惱：「我都交不到女朋友，反正我就是沒有魅力。」對此，我會半開玩笑地回答：「如果一個型男影星活在沒有女性的環境，他說不定也交不到女朋友。」

就我所知，能夠認識許多美女，最受女性歡迎的職業是模特兒公司的經紀人。

畢竟經紀人一次要照顧二十到三十多名模特兒，忙著接送她們到拍攝現場，還要給工作建議，即使其中有一、兩人愛上經紀人也不奇怪。

舉這個例子就是想告訴大家，凡事都有對策和方法。置身於有許多異性的環境，就是受歡迎的其中一個方法。

此外，無論是做生意還是考試，只要知道對策或學會技巧，都能順利過關。絕大多數的不安來自無知，所以要學會吸取知識和資訊。

與其終日惶惶不安，不如思考對策

很多人都說：「我根本不知道有這種方法！」或是：「都沒有人教我！」那麼人們為什麼不主動找方法呢？

既然不安，那就應該努力尋找解決之道，但是絕大多數的人卻什麼都不做。**態度消極被動就得不到真正需要的資訊**，更重要的是**他們已經自我放棄了**。認為自己就是沒用，認定事情一定不會更好，所以才覺得只能活在不安之中。

與其承受不安，不如思考對策。不安的情緒綁架了你，讓你忘了這件最根本也

最重要的事。

別忘了！沒有人會主動為你送上必要的知識和資訊。

每件事都有對策。

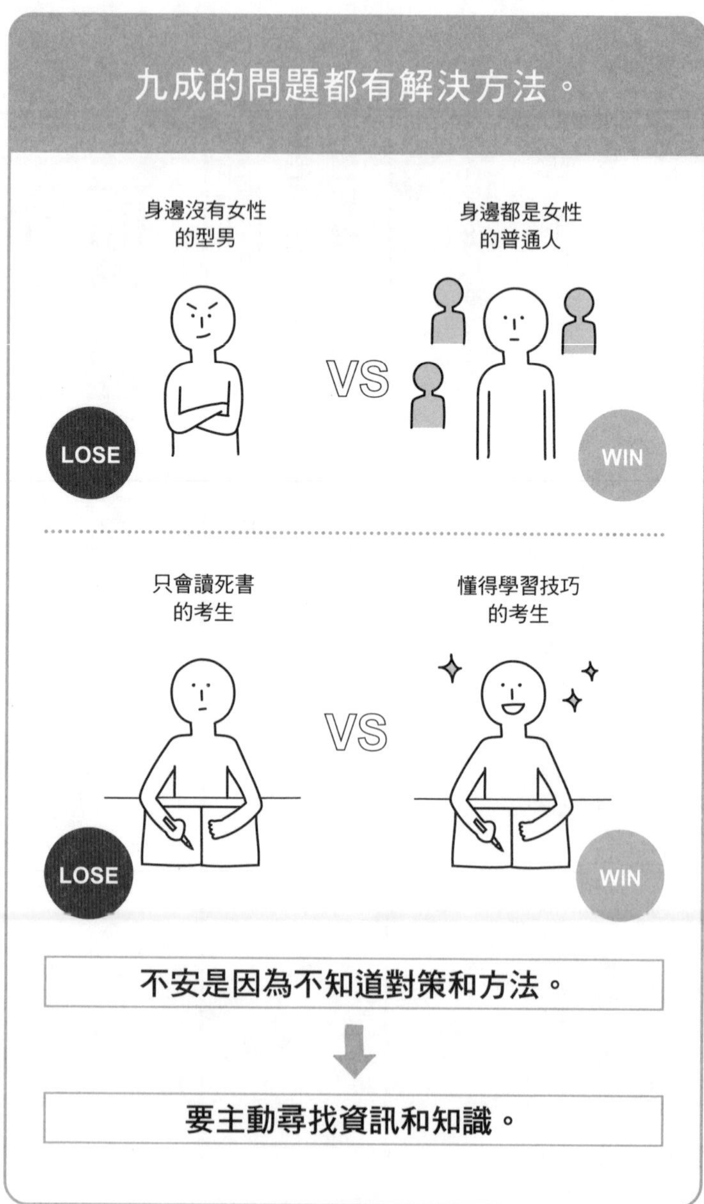
九成的問題都有解決方法。
身邊沒有女性
的型男
身邊都是女性
的普通人
VS
LOSE
WIN
只會讀死書
的考生
懂得學習技巧
的考生
VS
LOSE
WIN
不安是因為不知道對策和方法。
要主動尋找資訊和知識。

10

不必設想最壞的情況而惶惶不安

★人會設想到最壞的情況而擔驚受怕。
★擔心最壞的情況發生並不理性。
★不能因為已採取應變措施就完全放心。

最糟的情況不會發生

有些人不敢搭飛機，怕會遇到墜機事故。雖然的確有可能發生墜機事件，但冷靜思考後就會發現：在一九九四年的華航空難以後，日本就不曾再發生數百人喪生的墜機事件了。

相較之下，日本在二〇一九年有三二一五人死於車禍，從機率來看，走在路上

比搭飛機危險多了。這是從一九四八年以來，最低紀錄的一年。今後，隨著行車安全配備進步與自動駕駛車的普及，車禍事故應該會大幅減少。

也就是說，**最壞的情況不太會發生**，所以不必過於憂慮被公司開除而活不下去。現在有很多行業都很缺人手，再加上中低收入戶補助制度也很完備。**擔心最壞的情況而過得膽顫心驚，其實不理性**。

「因應過一次就安心」的矛盾心理

人雖然會擔心最壞的情況，卻是**只要找到消除不安的方法，就會完全放下心來**。在三一一大地震發生後，我曾到日本東北沿岸地區擔任義工，那裡建造了高達十幾公尺的堤防預防下次海嘯。但是今後若再發生大地震，難保不會發生超過十五或二十公尺高的海嘯。

此外，我也懷疑地震發生時是否有可靠的避難路線。據說當三一一大地震發生時，當地從沿海小鎮逃往山區的道路僅有少數幾條，沿途擠得水洩不通，導致居民避難困難。儘管如此，當地在建好堤防之後，就沒有再開設避難路徑了。

不過，我們也沒有立場批評他們。只要看看我們的生活周遭，就會發現很多家庭都因為請了保全公司而沒有做好其他防盜措施，或是買了最新的滅火器之後就疏於小心用火。

別擔心，
發生最糟情況的機率很低。

最壞的狀況不太會發生，
有時也要果斷展開行動。
最壞的情況
墜機事件
車禍
隨機殺人
說得也是。
那些壞事發生的
機率很低喔！

第 1 題 人為什麼會不安？

A 因為有求生欲望。

B 因為失去了所有的希望。

第 2 題 想太多時會怎麼樣？

A 找到應對不安的方法。

B 不安的情緒會更加滋長。

答案

第1題 A （→ P.24）

第2題 B （→ P.28）

第 3 題　誰才能得到幸福？

A　安於現狀的人。

B　冒險犯難的人。

第 4 題　精神上被逼入絕境時該怎麼辦？

A　不要請假，不然會給別人添麻煩。

B　就算請假也沒問題。

答案　第3題　B　（→P.40）　第4題　B　（→P.48）

第 5 題 追求群體意識會如何？

A 大家都能過富裕生活。

B 集體不幸。

第 6 題 受女性歡迎的是誰？

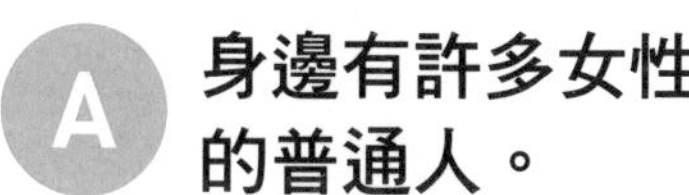

A 身邊有許多女性的普通人。

B 身邊都沒有女性的型男。

第5題　B（→P.52）　第6題　A（→P.56）

第 2 章

拒絕不安綁架的 14 個方法

POINT 7

對事不對人

不管他是誰，
而是看他做了
什麼。

➡ P.94

POINT 8

少看電視

電視上報導的壞事，
都可以當作不太會發生。

➡ P.98

POINT 9

與其克服缺點，不如專注在自己的長處

專注在自己擅長的事，
比較能得到好結果。

➡ P.102

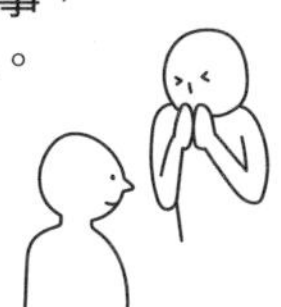

POINT 10

將目光放在事物好的一面

凡事都有好壞兩面。

➡ P.106

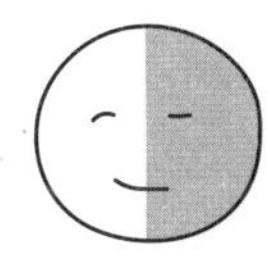

POINT 11

預定計畫生變也沒關係

捨棄「一定要照著計畫走」
的既定觀念。

➡ P.110

POINT 12

別在意別人怎麼想

別人不會認真觀察你，
不必在意。

➡ P.114

POINT 13

參考教戰守則

參考既有做法，找出適合自己
的方式。

➡ P.118

POINT 14

對失敗免疫

經歷無數次失敗才能成長。

➡ P.122

拒絕不安綁架的

14 個方法

改變平常的行為模式，
學會如何拒絕不安綁架。

POINT 1

事先預測 3 種結果

預測最好、最壞和最有可能發生的結果。

➡ P.70

POINT 2

找人商量，不要自己默默煩惱

請第三者從客觀角度來看。

➡ P.74

POINT 3

自己主動搜尋資訊

知識和資訊不會自己找上門。

➡ P.78

POINT 4

承擔風險，採取行動

出於不安而什麼都不做，只是浪費時間。

➡ P.82

POINT 5

從發生率比較高的危機開始應對

許多人都會害怕發生率低的事物。

➡ P.86

POINT 6

嘗試各種方法

這種方法碰壁了，就另尋他法。

➡ P.90

1

試著預測可能發生的三種結果

★人喜歡把事情想到最壞。
★預測事情可能會發生的三個可能，就能穩定情緒。
★把注意力放在「要試試看才知道」的事情上。

憂心的事成真會怎麼樣？

許多人都擔心自己會失智，市面上也有各種預防失智症與訓練腦力的暢銷書籍。雖然可以努力預防失智症，但還是有可能患病。

根據日本厚生勞動省（類似台灣的衛生福利部）的調查，八十五歲以上老人罹患失智症的比例超過四十%。也就是說，**只要活得夠久，就有很大的機率會失智。**

奇怪的是，人們對預防失智症如此努力，卻幾乎沒有人會思考失智後的具體對策，例如長照險和失智險的理賠。

「事先想到壞事會發生」是很有建設性的行為。

例如假設沒能考上第一志願的大學，應變方式有重考、改讀第二志願和出國留學這三種。若能事先想好多個對策，即使壞事不幸發生了，就只要從中選擇一項對策即可。

從三個角度來預測結果

我建議大家從①最好②最壞③機率最高三個方向預測事情的結果。

例如下定決心向暗戀對象告白並要求交往，最好的結果當然是對方答應交往，最壞的結果是被拒絕，而機率最高的可能是先當朋友。

有許多人雖然一開始被拒絕，但最後還是能和對方成為情侶，所以根本不必那麼擔心。

當你試著預測，就會察覺有些事不去做就不知道結果。而且，事情也有可能往

最好的方向發展。

心中充滿不安會讓人滿腦子只想著最壞的結果，但是只要學會預測各種可能性，就能冷靜下來。

從三方面去預測結果，就能穩定情緒。

除了努力不讓壞事成真之外，也要做好壞事成真時的準備。

預防失智症要先做的事

從三方面預測結果就能保持冷靜

❶ 最好的結果

試著挑戰

❷ 最壞的結果

不必害怕

❸ 可能性高的結果

值得嘗試

拒絕不安綁架的14個方法

2 別自己一個人承受，而是找人深談

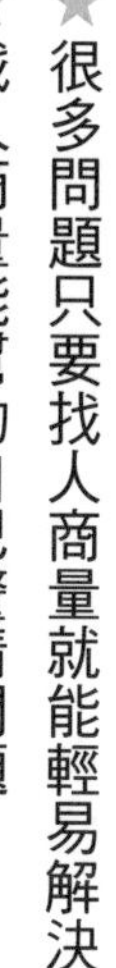

★很多問題只要找人商量就能輕易解決。
★找人商量能幫助自己釐清問題。
★可以從第三者身上得到客觀看法。

一個深交好友勝過眾多社群網友

愛擔心的人大多容易自己鑽牛角尖。他們覺得沒有人理解自己的心情，就算找人商量也不被當一回事，所以一個人默默承受。這樣的人在成長過程中很少找人商量，也不常向人坦承自己的煩惱。

如今社群網站普及，人與人之間的連結變得容易，但是關係卻變得淺薄。雖然

有許多互相按讚的網友，卻少有能夠吐露真心話的知己。

與其在社群網站上加許多好友，不如擁有從平時就能傾吐心底話的對象，即使只有一人也好。

只要找信得過的對象商量，很多問題都能夠迎刃而解。無論你是對未來感到迷惘，或是有戀愛上的煩惱，只要找人商量就能得到建議和幫助。

找人商量的好處是，能夠從第三者身上得到客觀見解。很多事情雖然讓當事人很在意，但看在第三者眼中卻完全不是問題。

此外，找人聊聊還能幫助你釐清問題。有時候，光是思考要怎麼向別人解釋，就能釐清事情的來龍去脈而突然釋懷，和別人談到一半就能想到解決辦法的情況也不少見。

試試看「煲電話粥」吧！

找人商量時用文字溝通雖然無妨，但只有文字還是很難獲得滿足。當你感到孤單時，我建議你找人長時間講電話。

現在有很多工具能夠線上視訊通話，例如 Zoom 和 Skype，只要利用這些免費服務，就能長時間和人對談。

即使對話內容雜亂無章也無妨，光是聊一聊，不安的情緒就能緩和。

很多問題只要找人聊聊就能解決。

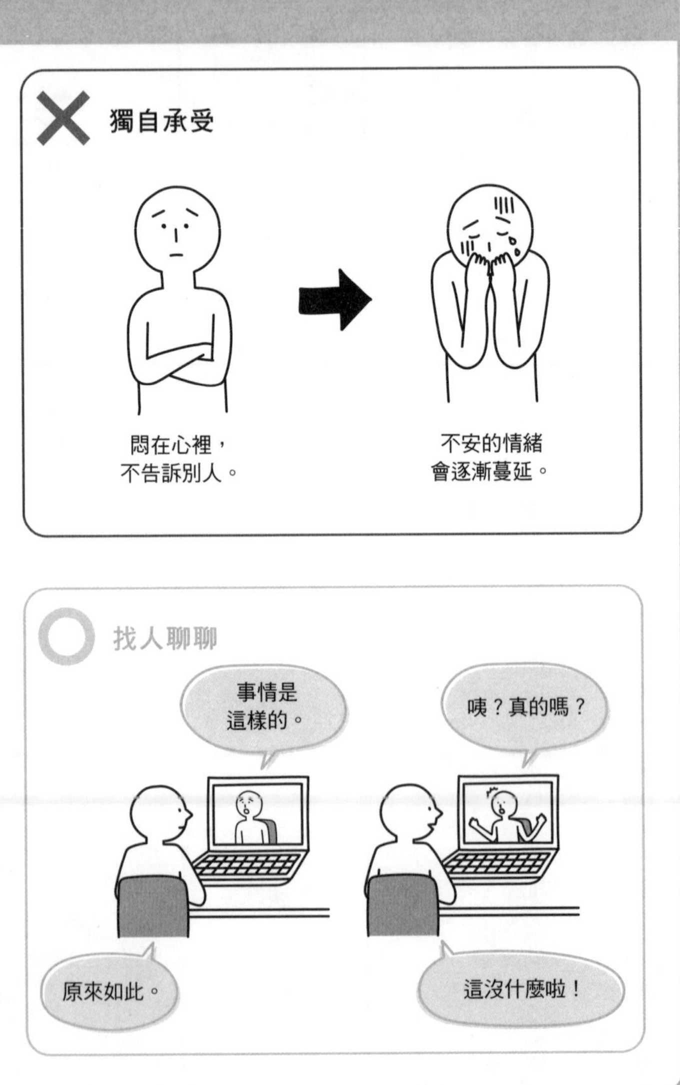
一個人煩惱也沒有用，找人聊天吧！
獨自承受
悶在心裡，
不告訴別人。
不安的情緒
會逐漸蔓延。
找人聊聊
事情是
這樣的。
咦？真的嗎？
原來如此。
這沒什麼啦！

3 主動收集資訊

★資訊不會自己送上門來。
★學會主動收集資訊。
★同時收集樂觀資訊和悲觀資訊。

資訊少的人最吃虧

假如沒有人可以商量，就只能自己收集資訊。原則上，我們不太會偶然間得到知識和資訊，所以要自己主動獲取。

我在七十頁以沒想過失智後該怎麼辦的人為例，只要事先查詢失智的症狀和能申請的援助，即使真的失智也能夠冷靜面對。

日本的社會福利制度原本就比其他國家完善，憲法保障國民能夠過著最低限度的健康文化生活。然而，各地政府並不會特地將訊息告訴需要幫助的人，**只是開設窗口而已，只要沒人去諮詢或申請，窗口就沒有作用**。

要對各地政府的態度抱持不滿是個人自由，但我們還是要知道社會福利制度就是這樣。

你的情報和資訊比人少的話只會吃虧，所以要主動向人詢問，獲取所需資訊。

好消息和壞消息要同時知道

現在只要有智慧型手機就能上網搜尋各種資訊，但知道得太多也會讓人不安，**大原則是無論樂觀資訊或悲觀資訊都要去了解**。

舉例來說，若你擔心下半輩子而一個勁兒地搜尋有關「老後破產」的壞消息，心情當然會變得悲觀。此時，若你改變做法瀏覽有關銀髮族社群的樂觀資訊，心情也會變得正向。

大家在獲取醫療新知時要記得：醫學尚在發展階段。舉個例子，人們現有的常

識是抽菸有礙健康，但若基因體分析（genome analysis）的技術進步，甚至有可能知道哪些人即使抽菸也能長壽。

當科技越進步，就會顛覆大部分的常識，抱著「沒有什麼事情是絕對」的態度剛剛好。

你要主動收集資訊。

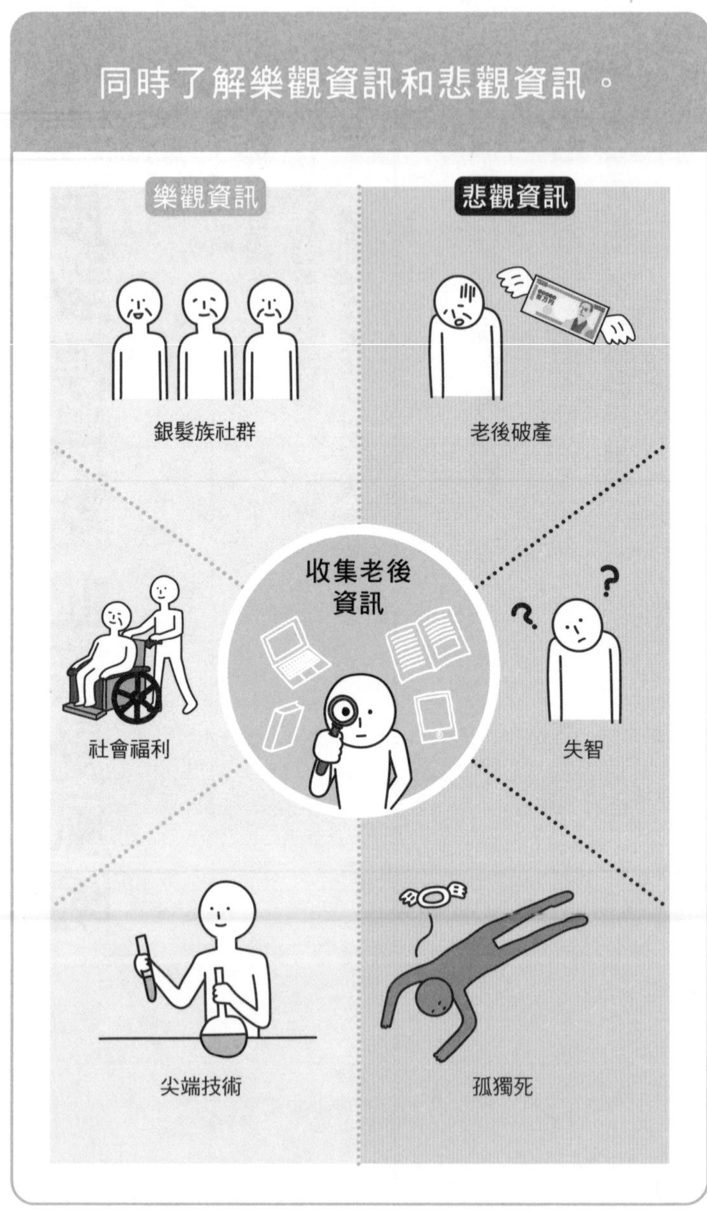
同時了解樂觀資訊和悲觀資訊。
樂觀資訊
悲觀資訊
銀髮族社群
老後破產
收集老後
資訊
社會福利
失智
尖端技術
孤獨死

4 預設停損點並接受風險

★風險不可能為零。
★不採取行動就無法改善。
★設定一個即使失敗也可以接受的標準。

設一個自己可承受的停損點

人只要離開家就有可能遇到車禍，但許多人還是像沒事般出門上班或旅行，因為大家**重視出門的好處勝過風險**。

可以確定的是，不採取行動就不會有任何改變。要是因為擔心找不到新工作而待在現在的公司不走，情況就不會改善。

明明感到不安卻什麼都不做，這樣只會浪費寶貴的光陰。與其害怕風險而原地踏步，寧願冒點風險獲取成果，鼓起勇氣踏出一步。

有個經濟名詞叫做「停損」，意思是把下跌的股票或證券賣掉，減少損失。假設用二十萬日圓買的股票突然暴跌，價值只剩下十萬日圓，若該公司在你為那十萬圓心痛時倒閉，讓股票變成廢紙就得不償失了。

但是，只要你趁股票還有十萬日圓的價值時賣掉，最多就損失十萬日圓。這就是停損，在某個時間點認賠以避免更大的損失。

在買股票之前先設定一個金額，當股票跌到那個金額就賣掉，如此便能將損失控制在一個範圍內。事先設好停損點，就敢積極冒險。

不完全零風險，但相對安全

面對不安時同樣要養成停損的習慣，設下一個即使失敗了也能接受的範圍，這樣就能踏出第一步。

我在拍電影時，贊助商若得知有可能全部賠本就不願意出錢，於是我便試算

「至少能回收多少錢」給他們看，除了院線上映之外，還提出發行ＤＶＤ或舉辦小型上映會等能夠回收成本的方案，於是便得到他們的贊助。

每一件事一定都有風險，但我們可以選擇相對安全的選項。

要採取行動才有機會改善。

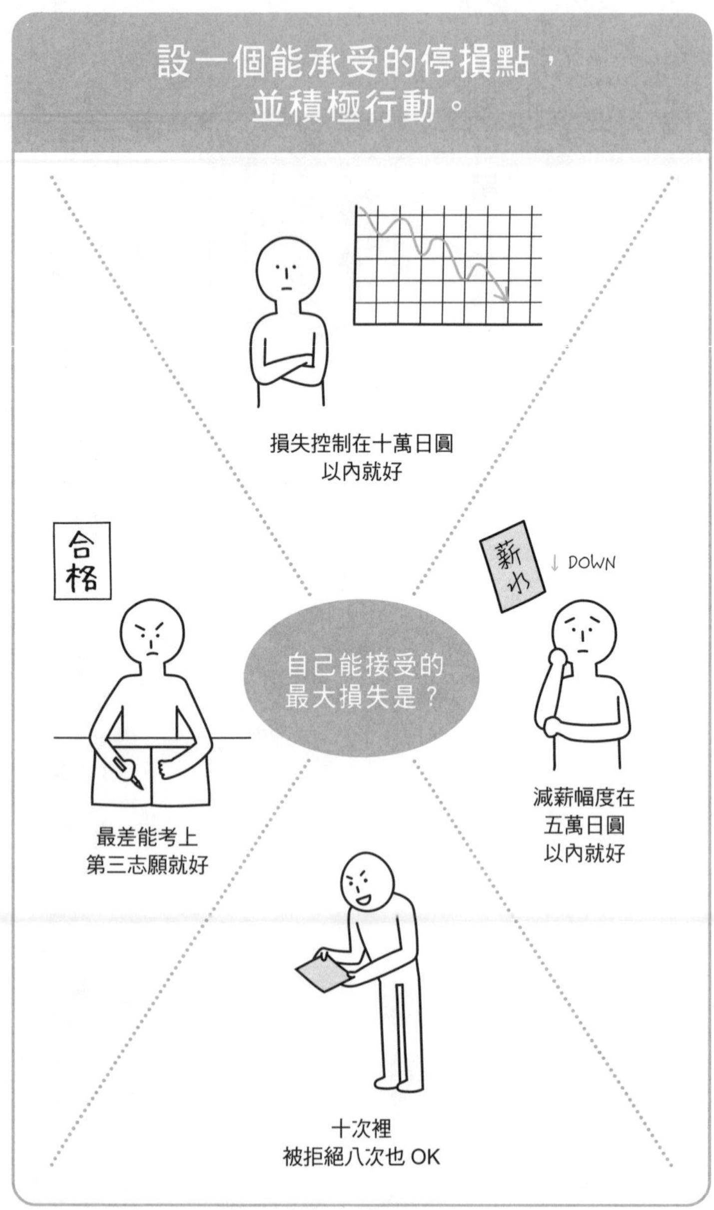
設一個能承受的停損點，
並積極行動。
損失控制在十萬日圓
以內就好
合
格
薪
水
↓ DOWN
自己能接受的
最大損失是？
最差能考上
第三志願就好
減薪幅度在
五萬日圓
以內就好
十次裡
被拒絕八次也 OK

拒絕不安綁架的14個方法

5

凡事都可以用機率法思考

★不需要把所有事物的機率看得一樣高。
★思考壞事發生的機率。
★先從機率高的風險開始應變。

人為什麼害怕機率低的風險？

我從以前就很疑惑：為什麼很多人害怕機率低的事情，卻輕忽機率高的事？

例如有人看了隨機殺人的新聞都會嚇到不敢出門，看到「六十七%中低收入戶可領取的生活保護補助金額減少」卻表示贊成。

根據日本法務省（類似台灣的法務部）發表的隨機殺人案件統計數據（西元二

〇七年—二〇一六年），最多是二〇〇八年的十四件，最少則是二〇〇九年和二〇一六年的四件，平均每年七．三件。

相較之下，全日本領取生活保護補助的平均比例則是一．六三％（資料來源：日本厚生勞動省二〇二〇年七月的統計）。不管怎麼想，在過著單純生活的情況下，**需要領取生活保護補助的機率都高於遇到隨機殺人案**。

既然如此，擔心自己會面臨生計問題還比較合理。如果了解事情的發生率，就不會做出抨擊生活保護制度這種搬石頭砸自己腳的事情。

至於現在讓許多日本人憂心的新型冠狀病毒又如何呢？

從日本國立傳染病研究所發表的推估死亡率（全年齡層，二〇二〇年九月）來看，到五月底為止是五．八％，而八月的數字則是〇．九％，也就是無症狀或輕症的案例較多，死亡率下降了。

這樣看來，新冠肺炎並不是那麼可怕的疾病（僅代表作者觀點）。

從機率較大的風險開始應變

事先設想到各種風險是好事，但要是把所有風險都看得一樣高，就會害怕得什麼都做不了。

我當然也很怕遇到隨機殺人，而且最好不要發生。但是從機率的角度來看，擔心發生車禍還比較實在。

我們應該要評估各種風險的發生率，例如抽菸導致癌症的機率、失智的機率或失業的機率等等。這些數據大多時候只要上網就可以查到。做好評估之後，就要思考如何應對高機率的風險。數字讓我們能夠做出具體又有建設性的應變。

許多人都害怕發生機率低的事物。

壞事發生的機率不盡相同，
先思考如何應付機率高的風險。

死於車禍
0.0025%
※1

死於他殺
0.0007%
※2

不安

罹癌率
男性 66.5%
女性 50.2%
※3

失業率
3.0%
※4

機率
高

機率
中等

機率
低

※1：2019 年車禍死亡人數占日本總人口的比例。
※2：2019 年他殺案件被害者人數占日本總人口的比例。
※3：一生中罹患癌症的機率。資料來自日本國立癌症研究中心官方網站。
※4：2020 年 8 月的數據。資料來自總務省統計局官方網站。

6

不拘泥於一種解決方式

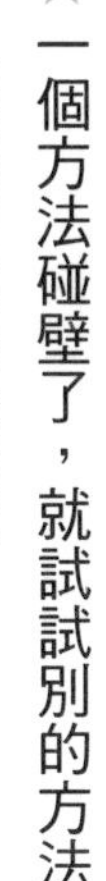

★一個方法碰壁了，就試試別的方法。
★以達成目的為最優先。
★抱著「方法不止一種」的彈性思考。

準備考試有很多種方法

假設有名考生想了一個小時還是解不開數學難題，那麼即使他再認真思考一個小時，還是算不出答案。

可是，父母和學校老師卻強迫他要更認真思考，這樣只會讓算不出來的學生擔心考不上而陷入恐慌，造成惡性循環。

我會建議這名考生放棄思考，直接看解答。一開始就看解答雖然沒有學習效果，但若遇到靠自己想不出來的題目，看解答就能察覺題目裡的玄機，更容易記住解法。

只要最後能拿到分數，怎麼做都無妨——這樣想，就能大膽地嘗試各種方法。我就是因為自己發明了「背誦數學解題法」，才考上東京大學醫學系。

如果你的目標是考上理想大學，還有一個方法是不拿手的數學科只讀最基本的題目，放棄難題，靠其他更擅長的科目賺分數。也就是說，方法不止一個。

當特定的做法碰壁時，就該嘗試其他的方法，不要太執著。若你能想出多個解決方法，就算遇到問題，也不怕被不安壓垮。

找出各種方法

主張餵母乳是最理想的「母乳神話」，卻導致擠不出母乳的媽媽壓力過大，不斷自責。

人家說餵母乳有很多好處，例如寶寶不容易過敏、很經濟實惠等等，但最終目

的其實是要讓寶寶健康長大。只要寶寶最後能健康長大，即使餵奶粉也無妨。

現在的奶粉營養十分均衡，還含有母乳中容易缺乏的維生素K，執著於餵母乳只會讓人更煩惱，所以**彈性思考很重要**。

不必執著於特定的做法。

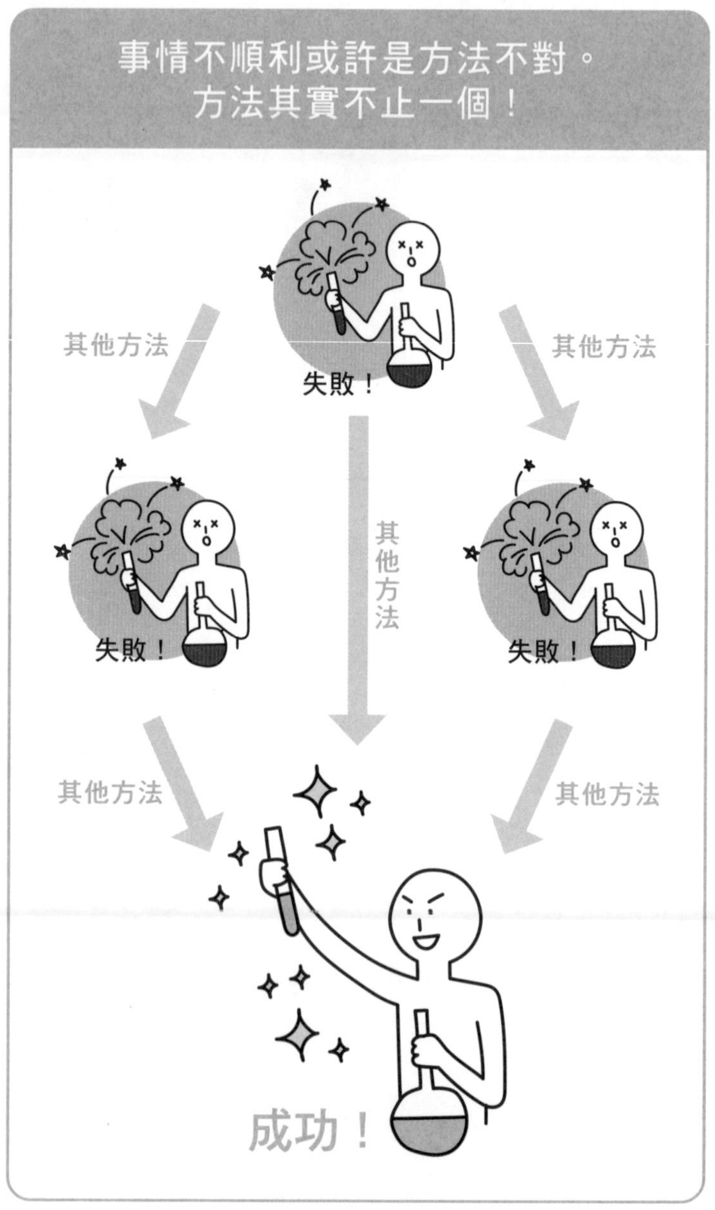
事情不順利或許是方法不對。
方法其實不止一個！
其他方法
其他方法
失敗！
其他方法
失敗！
失敗！
其他方法
其他方法
成功！

把大家都當成好人就不容易受騙

★「把大家都當作好人」能避開麻煩。

★屬人思考讓人無法察覺資訊有誤。

★抱著屬事思考的態度就能冷靜判斷。

容易受騙和不容易受騙的人

社會心理學家山岸俊男主張許多美國人都認為世上有好人也有壞人，但許多日本人會把所有人都當成賊。

前者相信世界上有好人會伸出援手；後者則是怕受騙上當，懷疑所有人。

據山岸所說，後者比較容易受騙上當，因為前者的雷達比較敏銳，會察覺眼前

的人不太像是好人，有點異樣。

相較之下，後者懷疑身邊的所有人，無法分辨真正的壞人和好人。一旦在某次機緣下把對方當作好人，往後就會無條件相信他，最後受騙上當。

因此，**與其怕受騙而疑神疑鬼，不如把大家都當成好人比較不會遇到麻煩**。

不過，若你一味疏遠別人，就無法磨練看人的眼光。你可以和人來往，只要事先設下「不借對方錢」或「不和他上飯店」等等的具體準則即可。

屬事思考勝過屬人思考

儘管如此，平時信任的人還是有可能說出錯誤的訊息。即使對方無意欺騙你，還是有可能引用錯誤的消息來源，或是基於信念而有偏頗的發言。

社會心理學中有個稱為「**屬人思考**」的概念，這是一種不理性的判斷方式。**意思是指根據說話者的身分來判斷**。

「只要是A說的都對！」、「B說的不可信！」，像這樣以人為判斷標準就是屬人思考。尤其很多人都相信權威，認為只要是名校教授說的話就一定正確。

社會心理學家岡本浩一提出一個和屬人思考相對的概念「屬事思考」，也就是不以說話者或行為人來判斷，而是根據發言內容和行為來判斷。抱著屬事思考的觀念就能有冷靜的判斷力。

疑心重的人反而容易受騙。

相信別人雖然很重要，但還是要懷疑資訊。

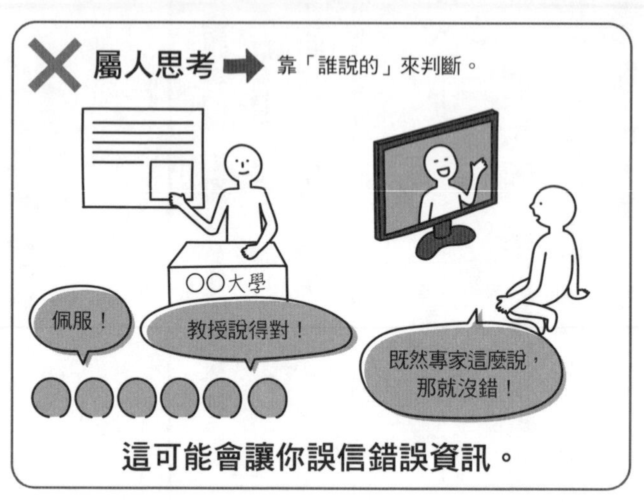

屬人思考
靠「誰說的」來判斷。
○○大學
佩服！
教授說得對！
既然專家這麼說，
那就沒錯！
這可能會讓你誤信錯誤資訊。

屬事思考
靠「說了什麼」和「做了什麼」
來判斷。
雖然不認識他，
但他說得很好！
SNS
垃圾
這樣就能理性判斷。

8

少看電視

★電視報導的壞事可以當作很少發生。
★電視台會看廣告商的臉色。
★投入自己能做的事最重要。

媒體讓人不安

為了和不安共處，收集資訊是很重要沒錯，但是請不要過度仰賴電視資訊，因為電視新聞和政論節目會報導讓人不安的事。例如健康、經濟、育兒、戰爭、強盜或殺人等危機，用盡全力喚起觀眾的不安，叮嚀大家「這和你也有關」。

觀眾看了電視就會開始擔心自己，不安地想著「要是那樣就慘了」，因為電視

報導大多很偏頗。

舉例來說，電視會煽情地報導國中生被霸凌而自殺的新聞，但只要不是發生在名人身上，電視就不會特別報導一天其實有將近五十五名成年人自殺的消息。

電視往往偏愛報導少數的特例，這就是為什麼人家說狗咬人不是新聞，人咬狗才是新聞。因此，我們可以想成電視報導的事件不常發生。

別在意偏頗的資訊

電視台會看廣告商的臉色。若發生酒駕車禍，可能有新聞主播會說酒駕應該嚴懲，但沒有主播會說：「我們應該規範那些讓人覺得喝酒是一大樂事的廣告。」

此外，電視媒體的報導對象主要是大都市。當高齡者引發車禍時，攝影小組會去採訪住在大都市交通樞紐的銀髮族，得到「老人應該繳回駕照」的答案。這也難怪，因為在大都市即使無法開車也不會不方便。

電視新聞會為了收視率煽動觀眾的不安。「下半輩子的經濟危機近在眼前！」、「政府究竟在想什麼？」、「我們該仰賴什麼才好？」聽到這些話，觀眾

的不安就無法遏止。

所以，不要在意是最重要的，若我們為了每件事人心惶惶，就正中電視台的下懷。人一旦被不安綁架便無法行動，要找出自己能辦到的解決方法並實際去做。

電視台報導的事通常是特例。

電視報導的壞事大多不常發生。

電視的陷阱

1 煽動不安

2 挑特例來報

3 會看廣告商的臉色

4 以大城市看全國

9 專注在擅長的事情上

★要克服不擅長的事很累。
★逃避不擅長的事不好詐。
★專注在自己的長處上，輕鬆做出成果。

逃避不擅長的事也無妨

認真的人會努力想要克服短處絕對是好事，但有時卻會讓人很辛苦。所以我希望大家面對不擅長的事時，不要先想著克服而是不做，**專心做擅長的事才容易得到好結果**。

舉例來說，想進東京大學不必考滿分，有些科系只要考五科，滿分四四〇分中

拿到二二〇分就能考上。若知道這件事，就懂得放棄不擅長的科目，將原本用來克服缺點的心力用在長處上，得到更大的成果。

職場上有些人在某方面鶴立雞群，例如業績遙遙領先或很會應付電話，他們其實是將心力注入自己的長處，遇到不拿手的工作就默默避開，或是交給別人去做。這絕對不是一種狡猾的行為，他們只是思考如何花同樣的工時創造更多的效益，不浪費時間去做不會的事。

說到底，認為自己什麼都要會是一種自大，謙虛面對自己的短處才有好結果。我也是只做擅長的事，不碰不擅長的運動和賭博。

只看別人長處的人類心理

人觀察別人時往往只看他的優點，看自己時只看到缺點，這就是「隔壁鄰居的草皮比較綠」的心態。

以將棋二冠王藤井聰太為例，一般人會羨慕他那麼年輕就比自己有成就，但藤井棋士應該也有無法對人明說的煩惱。當我們觀察身邊的人，會羨慕他們的優點，

但說不定對方其實也很羨慕你。

美國很盛行讓學生發揮長處的教育，據說這是因為實驗結果證明美國人也會在意自己的缺點，而我們也必須努力增進自己的長處。

專心做拿手的事才能開花結果。

與其克服缺點，不如發揮優點。

認真的人	能幹的人
努力做不拿手的事	專心做拿手的事
↓	↓
不斷受苦	逃避不擅長的事
↓	↓
得不到肯定而越來越不安	交出好成績

10

凡事都是一體兩面

★每件事情都有好壞兩面。
★只看壞的一面會讓你錯失機會。
★培養多往好事想的習慣。

每件事都有好壞兩面

明知要正面思考才不會被不安擊倒，但就是很難做到，人類的心理就是這樣。任何人都會負面思考，若在這時聽到朋友樂天地說「你要想開一點」，不但無法抹去不安，反而更不開心。

重點就是不要硬逼自己正面思考，而是抱著「凡事都有好壞兩面」的觀念，找

出隱藏在壞處背後的好處。如同硬幣一定有正反兩面，事情也是相同的道理。好事或壞事都不是絕對的，而是從什麼角度去觀察。

假設你擔心荷包問題而猶豫要不要消費，心想：「這麼浪費錢的話，有一天一定會沒錢。」、「要是想買就買，生活會過不下去。」從這個角度來看，有些人會覺得你一毛不拔。

但是，正面看待這項特質，你就是個會審慎考慮將來的人，擁有不過度消費的環保精神。換個角度看，缺點就會變成優點。

所以，不必勉強自己凡事樂觀，既然事情有好壞兩面，多看好的那面就好。

培養多看「好的一面」的習慣

多看事物好的一面，日子會比較好過。

觀察帕奧（Paralympic Games）選手就知道他們正視自己身體的缺陷，但還是努力發揮自身的長處，成為了成功的運動選手，活出精彩人生。

倘若他們只看壞的一面，就不會想要當運動選手了！我們可以從他們身上學到

很多。

凡事只看壞的那一面，即使機會來到眼前，你還是會錯過，結果便是一直被不安綁架。多培養從正面角度看待事情的習慣十分重要。

凡事都能從不同的角度去看。

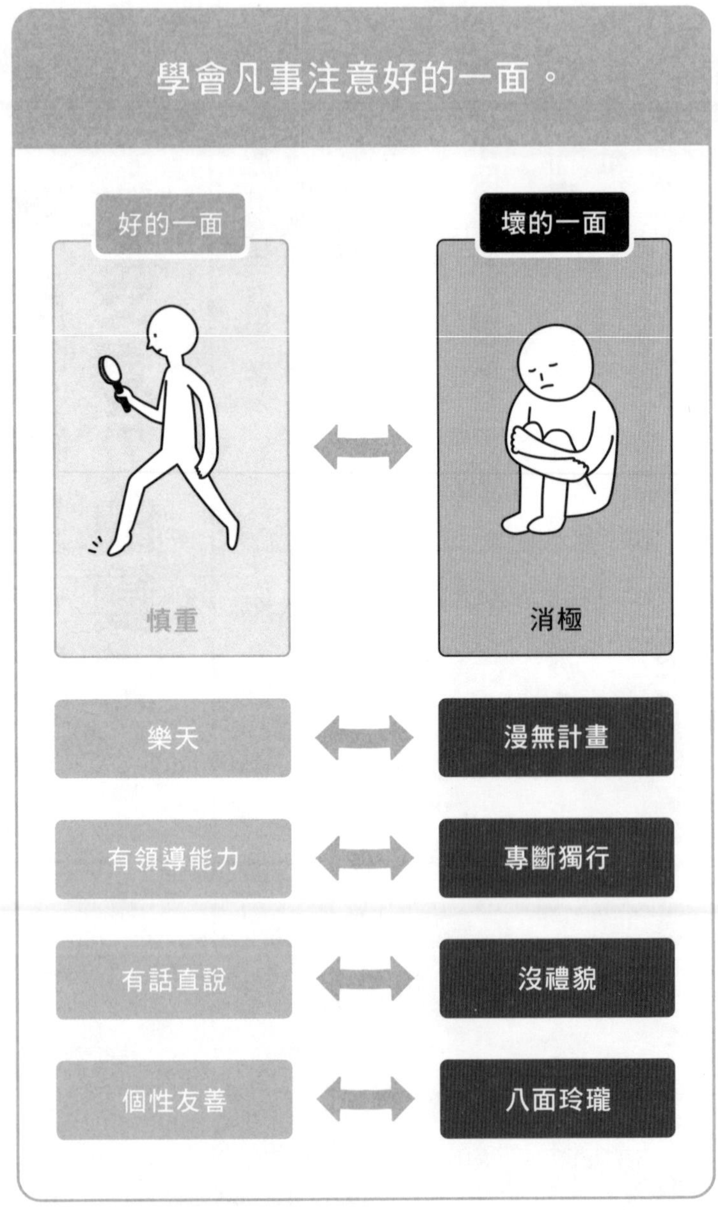
學會凡事注意好的一面。
好的一面
壞的一面
慎重
消極
樂天
漫無計畫
有領導能力
專斷獨行
有話直說
沒禮貌
個性友善
八面玲瓏

11 將計畫排鬆一點，享受意外的變動

★預定計畫生變很正常。
★不在規劃內的活動能拓展人際關係和工作機會。
★安排時間時要保留緩衝日。

事情不照計畫走很常見

前面提到「結果比過程重要」，只要結果是好的，我們大可不必執著於規劃好的方法和計畫。

堅持按部就班的人會在計畫被打亂時感到慌張，導致效率變差，陷入計畫不斷走樣的惡性循環。所以我希望大家拋開凡事照計畫走的觀念。

以我為例，我每天都會規劃好一日行程後再開始做事，但是絕不可能每件事都如你所想。預計兩小時的會議延長了一小時以上，或是寫書寫到一半，朋友突然邀吃飯等等。

我個人非常期待不在計畫內的活動，因為這樣更能開拓新的人脈和工作機會。首先，**你要告訴自己：「計畫生變是理所當然。」**安排好的計畫僅供參考，只要最後有機會趕上即可。**懂得臨機應變的人容易遇到好機會**，能夠遇見形形色色的人，累積許多經驗並自我成長。

事先保留緩衝時間

規劃時間時，要以「計畫會生變」為前提來安排。以準備考試為例，若要在一週內寫完五十頁的題庫，直接把五十除以七，安排一天寫七頁是很冒險的做法。換作是我，會將五十頁除以五天，安排從週一到週五每天都寫十頁。

準備考試的過程中總會發生意料之外的事，例如感冒病倒，或是必須加班而沒有時間念書，甚至還可能發生到了週五才寫了四十頁的情況。

這時，只要利用週六寫完剩下的十頁即可，而週日則可用來複習當週的進度。這樣一來一週計畫就完成了，還能複習。

簡單來說，**安排時間時預留緩衝日是鐵則**。最好能讓預定計畫保留餘裕，並樂於接受意外的變化。

比起全都按照計畫走，最後能得到好結果才重要。

彈性應變隨時都在變的計畫。
早
資料遲遲
做不完
中
突然要開會
晚
被拉去參加研討會

12

別人其實沒有在看你

★別人並沒有認真看你。
★坦率接受當下的自己。
★採取能讓自己成長的行動。

不需要在意他人目光

我偶爾會在演講時做一個實驗：在聽眾面前演講了十分鐘之後，暫時躲到講台後面穿上外套並再度現身，接著問聽眾：「我剛剛穿什麼圖案的襯衫？」

雖然有人能正確記住我穿的襯衫圖案，但絕大多數的聽眾都會答錯。甚至有人自信滿滿地說我打了藍色領帶，但其實我根本沒有打領帶。由此可以看出，無論是

服裝還是一舉一動，其實人們都沒有那麼認真地在觀察別人。

容易不安的人很在意別人的眼光，滿腦子想著不知道別人怎麼看待自己，擔心說錯話會惹人討厭。

有些人太在意別人目光而不敢做自己想做的事，但如果不去做就不會有任何改變。請記住，你身邊的人其實沒有那麼閒，不像你想的那麼關注你。

如何讓自己看起來很棒

很在意別人眼光的人希望自己在眾人眼中看起來很棒。既然如此，與其惶惶不安，不如想一想要怎麼實現這個願望。

你最應該珍惜的人，就是你自己。若要讓自己看起來很棒，你必須做的不是在意別人眼光，而是在工作上拿出成果，或是在別人需要幫助時伸出援手。

有些人太在意別人的眼光，一遇到要談生意或開會的場合總是會怯場，擔心自己會說出不得體的話而幾乎不發言。

這樣的人是完美主義者，他們認為說話就是要風趣又真知灼見，覺得自己沒有

這種本事而憂慮不安。
若要克服這一點，就要坦率接納自己，並採取能讓自己成長的行動。

在意他人視線，不如珍惜自己。

別人沒有在看你，所以不必在意。
演講
「請問我穿什麼襯衫？」
答案都不一樣。

13

照著SOP做，做不好再改就好

★很多事情要做了才知道。
★一開始先按照既有的方法去做。
★反覆嘗試之後，找出最好的做法。

參考現有的做法最輕鬆

有很多事讓人一想到就很焦慮，但做了之後反而能消除不安，或是找到更有效的辦法。也就是，很多事不試試看就不知道結果。

假設你轉換跑道，從事以前沒做過的工作，職場老鳥為你解說教戰守則，而你則在上司和同事的教導下邊做邊學。剛開始，你並不會立刻上手。那麼，這時是不

是不管教戰守則和旁人的建議，照自己的想法去做呢？我建議各位遵循教戰守則和上司的建議。

人們往往不太贊同什麼都按照SOP去做，因為這是個完全仰賴SOP也不一定會順利的時代。不過，當你負責還不熟悉的工作時，還是要按照既有的方式做。

SOP很好用，因為它彙整了從前試過可行的方法，只要照做就能省下許多工夫，接著再改良成自己方便執行的形式即可。

改良SOP

精神科醫師會學習佛洛伊德、阿德勒和羅吉斯等前人的理論和概念。不過，我們並不會將學到的理論當作絕對的範本。要是忽視病人的反應，執著於某項理論進行心理諮商，會讓病人生氣或病情惡化。

因此，專業人士不會執著於特定理論，而是觀察病人的反應，彈性改變說話內容或問診方式。

若病人反應不佳，就知道這個方法不好，改用其他合適的方法。要像這樣彈性

應變，才算是優秀的諮商心理師。

重點是要根據現有的SOP多方嘗試，並找出對自己最好的做法。假如試了發現效果不好，加以改良就好。能夠彈性應變的人，無論什麼事都能做得很好。

還不熟悉時，先遵照SOP去做。

一開始做不好也沒關係，多方嘗試才能找出最好的方法。

1 先參考 SOP

既然有 SOP，照著做更輕鬆。

2 改良做法

省下不必要的工夫，
將既有做法改良得更容易執行。

3 找出最理想的做法

經過多方嘗試，
找出最好的方法。

14

失敗了也沒關係

★別人轉頭就忘了你曾失敗過。
★失敗過無數次之後，反而不怕失敗了。
★不要把失敗的責任攬在自己身上。

失敗是兵家常事

無論是考試或創業，只要參與競爭，就一定伴隨著勝敗。只有極少部分的人才能在所有挑戰中獲得勝利，對多數人來說，人生絕大部分都在經歷失敗。

所以即使失敗過一次也不必絕望，別害怕失敗而放棄挑戰，要嘗試才有改變。就算失敗，只要從中學習，並再次挑戰就好。

發明家愛迪生曾留下這句名言：「我從來不曾失敗過，只是發現了一萬種不對的方法罷了。」

我有個同學在國中入學考試中落榜，但在考高中時和我考上同一間學校，後來以名列前茅的成績從東大醫學系畢業，是同齡中最早當上教授的人。他就是個從失敗中學習而成功的好例子。

經歷過多次失敗後，人就會對失敗免疫而不再害怕，能夠抱著「失敗預料得到，成功算我賺到」的豁達想法去挑戰。

即使失敗，重新來過就好。只要不斷挑戰，總有一天會成功。

失敗沒什麼大不了

經常有政治人物因為失言或鬧出醜聞而請辭，甚至被罷免。媒體會在這時大肆報導，當事者飽受批評。但幾年後他就會再次當選，回到國會，彷彿什麼都沒發生過似的繼續當官。

人們其實很快就會忘記別人的過錯。雖然這個例子並不可取，但它給我們的啟

示是，不必一直把失敗放在心上。另外，即使你在職場上犯下大錯，被開除的可能性也很低。

因為**失敗並不是你一個人的責任**。職場是團隊合作，儘管上司和部下要負的責任有大有小，但每位成員多少都要對失敗負責。因此，**你不必將失敗的責任全部攬在自己身上**。

即使失敗也不必絕望。

人生伴隨著失敗。
別害怕失敗，儘管去挑戰吧！
失敗的好處 1
可以學會更好的方法。
下次就行得通！
失敗的好處 2
對失敗免疫，不再感到害怕。
失敗預料得到！
失敗的好處 3
繼續努力，總有一天會成功。
我做到了！
失敗的好處 4
別人馬上就會忘記。
你失敗過喔？
你不記得了？
失敗的好處 5
不必一個人承擔責任。
責任

和不安共處的練習題❷

第 1 題 感到不安時該怎麼辦？

A 自己默默承受。

B 找人商量。

第 2 題 靠同一套方法卻失敗該怎麼辦？

A 改用其他方法挑戰。

B 持續用同一套方法，直到成功為止。

答案

第1題　B
（→P.74）

第2題　A
（→P.90）

第 3 題　要怎麼判斷資訊？

A　靠「誰說的」來判斷。

B　靠「說了什麼」來判斷。

第 4 題　要怎麼看待電視報導？

A　電視報導的壞事很少發生。

B　深信不疑，感到不安。

答案　第3題　B（→P.94）　第4題　A（→P.98）

第 5 題　如何才能做出好成果？

A　克服缺點。

B　發揮優點。

第 6 題　如何找出最佳做法？

A　根據教戰守則來做，並加以改良。

B　不管教戰守則，發明自己的做法。

第5題　B　（→P.102）　第6題　A　（→P.118）

第 3 章

保持平常心的 10 個方法

POINT 5

要有個能讓自己安心的歸屬

假如你的歸屬只有職場或學校，你就無法勇於表達自己。

➡ P.148

POINT 6

把擔心的事寫下來

透過書寫可以判斷辦得到和辦不到的事。

➡ P.152

POINT 7

要有和自己處於不同環境的商量對象

要有能提供客觀意見的第三者，從別的角度看待不安。

➡ P.156

POINT 8

連續一週什麼都不做

徹底休息一週，會讓人變得超想做事。

➡ P.160

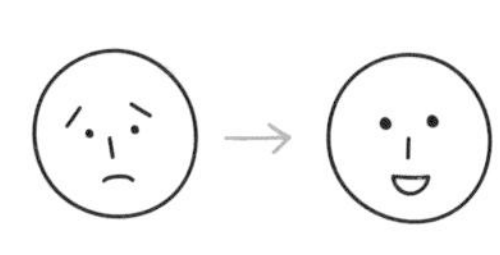

POINT 9

活出最原本的自己

人無法控制自己，做自己才是和不安共處的聰明做法。

➡ P.164

POINT 10

生活要有樂趣

生活樂趣能讓你的心從不安中解放。

➡ P.168

保持平常心的

10個方法

只要活著，不安就不會消失。
豁達地接受它，就能用平常心過生活。

POINT 1

先行動再說

採取行動只會有更多可能性，沒有壞處。

➡ P.132

POINT 2

從辦得到的事著手

為了無法改變的事唉聲嘆氣也沒用，從能做的事開始做。

➡ P.136

POINT 3

專注在該做的事

專心做眼前該做的事，能夠忘記不安。

➡ P.140

POINT 4

預留享受孤獨的時間

想要排解人際關係的疲勞，更要保留時間與自己獨處。

➡ P.144

保持
平常心的
10個方法

1

就算擔心，也先做再說

★不安不會消失。
★採取行動有益無害。
★即使不安還是要行動。

不安永遠都在

強烈感受到不安的人，總會想要消除或戰勝它。然而，只要我們活著，不安就不會歸零。森田正馬用「純粹的心」來詮釋平常心，就是要我們知道不安如影隨形，要和它共處。

即使覺得不安，還是要先從採取行動開始。假設心儀對象就站在你面前，但你

卻不敢向他告白，怕會被拒絕而不知如何是好。但是不主動告白就和被拒絕沒兩樣。有人曾對我說：「你能考上東大實在太厲害了，像我就考不上。」我就會這麼回答他：「不去考，當然考不上。」

這句話或許不中聽，但這就是事實。無論是誰，只要去應考都有一％的機率能夠考上，遠比什麼都沒做好太多。

假如你擔心向心儀對象告白會被拒絕，那等到真的被拒絕再放棄也不遲。能向對方表示好感是件好事，雙方也有可能在幾年後突然拉近距離。

採取行動能創造更多可能性，有益無害。

「做了才發現行得通」是真的

C受朋友之邀在婚禮上致詞，他原本就很怕在人前說話，即使準備好講稿並多次練習還是很焦慮。

到了婚禮當天，他帶著不安的心情站上講台，才發現逆光讓他完全看不見台下的人，心情自然就放鬆了。

儘管C致詞時結巴，但他認真而真摯的說話方式讓觀眾留下好印象，是一段很精彩的感言。C的感想是：「做了就會發現行得通。」就如同俗話說「知難行易」一樣。

船到橋頭自然直，
做了才知道一點都不難。

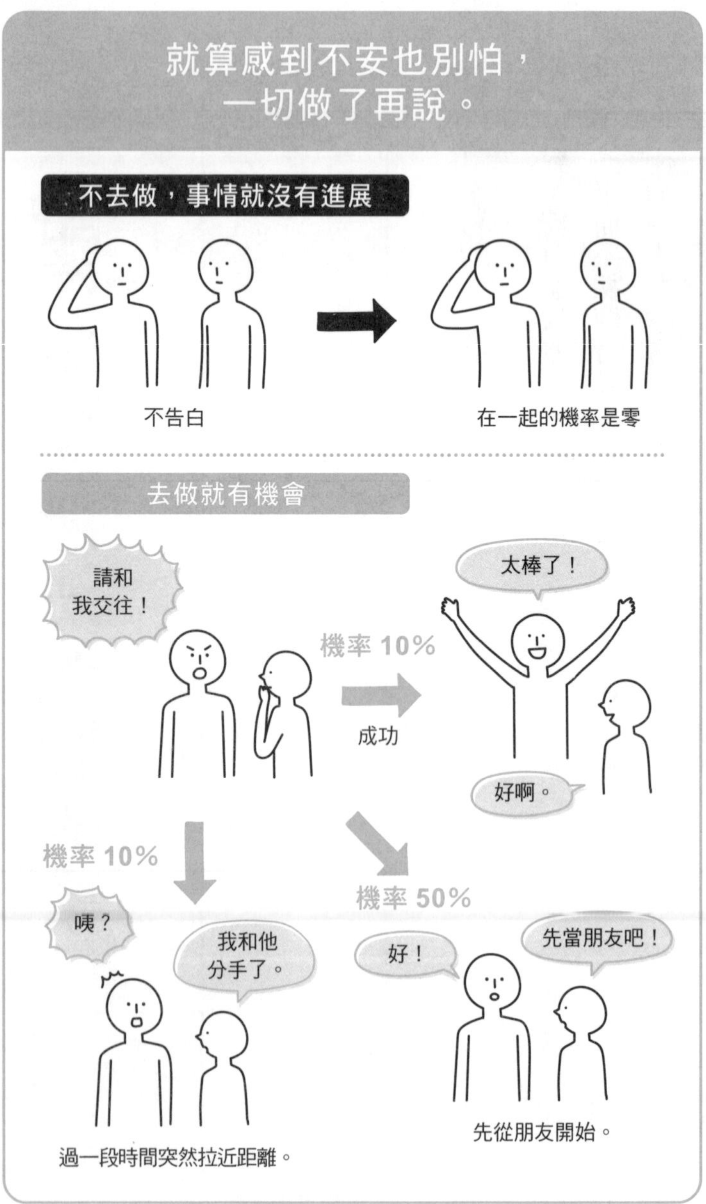
就算感到不安也別怕，
一切做了再說。
不去做，事情就沒有進展
不告白
在一起的機率是零
去做就有機會
請和
我交往！
機率 10%
成功
太棒了！
好啊。
機率 10%
機率 50%
咦？
我和他
分手了。
過一段時間突然拉近距離。
好！
先當朋友吧！
先從朋友開始。

保持平常心的10個方法

2

豁達接受無法改變的事

★區分「能改變」和「不能改變」的事。
★積極去做「能改變」的事。
★一開始先從簡單的開始做。

只找辦得到的事來做

面對不安有個大原則，就是只關注「能辦到」和「能改變」的事。煩惱那些無法解決的事而不採取行動，只會讓不安的情緒繼續蔓延。

以一面對人群就會臉紅的人為例，他認為自己人際關係不好都是臉紅造成的。既然他不管怎麼努力還是會臉紅，就應該接受這個事實，努力去做其他能讓自己受

歡迎的事，例如改變說話方式或保持服儀整潔等等。

每個人都不可能百分之百受人歡迎，我也經常被素未謀面的人單方面討厭，無可奈何。

但是，我們可以努力讓認識的人喜歡自己。我之所以會邀請親朋好友一起聚餐，就是其中一個方法。

因為公司倒閉讓你失業時也是一樣，你會擔心將來是正常的，但失業這件事已經無法改變。

所以你應該去做其他事改變未來，例如可以找朋友商量、準備考資格證照，或是去職業介紹所。

如果有時間感嘆那些無法改變的事，不如找出能做的事並展開行動。

不要企圖改變別人

在無法改變的事物中，最難改變的就是別人。假設你在職場上遇到合不來的人，而他總是對你提出不合理的要求，讓你光是想到要和這種人共事就開始不安。

然而，我們無法改變別人，只能改變自己。你能做的就是專注在自己的工作上，盡量不和對方扯上關係，或是向上司提出調職申請來解決問題。唯有著眼在能改變的事情上，才能扭轉人生。

不必花時間煩惱無法解決的事。

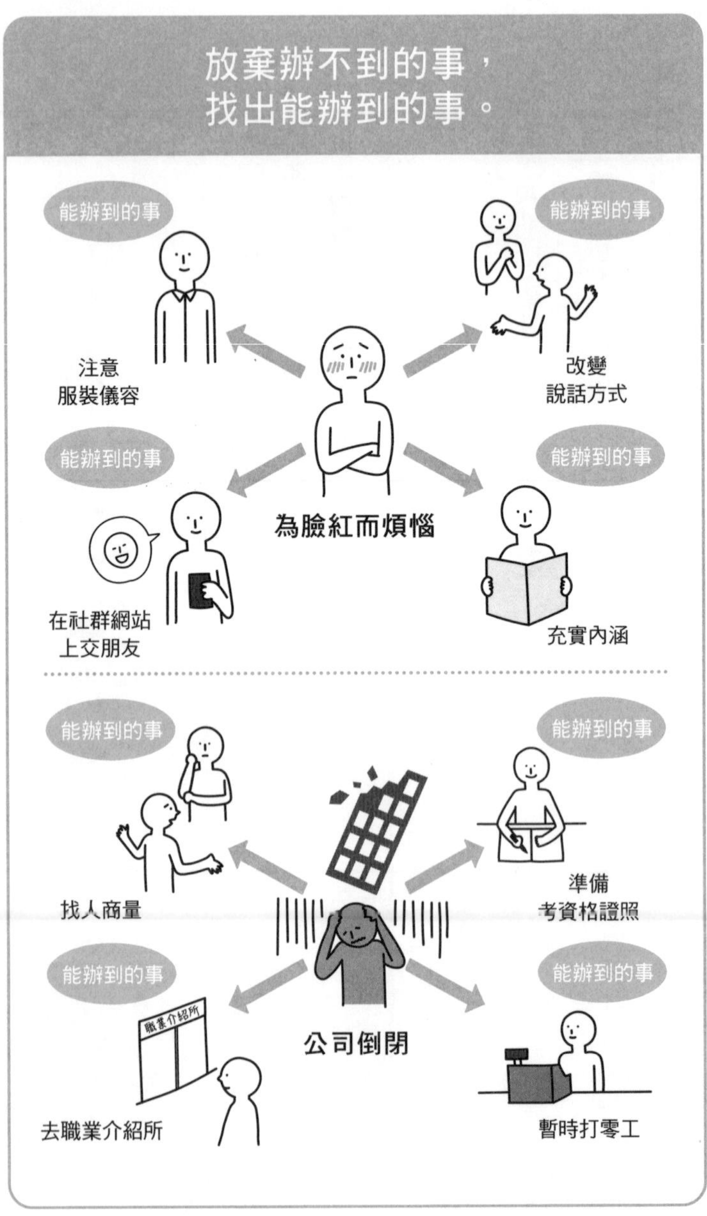
放棄辦不到的事，
找出能辦到的事。
能辦到的事
注意
服裝儀容
能辦到的事
改變
說話方式
能辦到的事
在社群網站
上交朋友
為臉紅而煩惱
能辦到的事
充實內涵
能辦到的事
找人商量
能辦到的事
準備
考資格證照
能辦到的事
職業介紹所
去職業介紹所
公司倒閉
能辦到的事
暫時打零工

3

再小的不安全感也要注意

★無視微小的不安，心理負擔會越來越大。
★即使不安，該做的事還是要做。
★專心做事有助於緩解不安。

我們每天都抱著某些微小的不安

微小的不安並不是什麼大問題，但我們卻會一再想起，就像是心上扎了一根刺，揮之不去。

假設你向朋友借了ＤＶＤ，但是一直忘了還，每次想到就有點不安，猜想朋友

說不定正為此事生氣或想要疏遠自己。

這時，要不要當機立斷馬上還給他呢？朋友也許會調侃你太晚歸還，但也有可能連借你ＤＶＤ的事情都忘記了。**可以確定的是你的心情會輕鬆許多**，了卻心裡的一件事，內心恢復平靜。

每個微小的不安都不足掛齒，卻讓人時時掛念。**當你發覺微小的不安時，就要馬上解決它**，這便是保持平常心的祕訣。

專注在每天該做的事

即使不安沒有消失，我們還是不能把它當作不行動的藉口。**不被不安情緒影響的人，更容易專注在該做的事。**

工作中的細項很多，例如查看信件、打電話給客戶和製作會議用的資料。

家庭主婦也一樣，要帶孩子、打掃、洗衣服和購物。

要是因為不安就什麼都不做，生活就過不下去了。相較之下，**我們在專心做事**

時能暫時忘記不安。

把每一件小事處理好就能心情愉悅，讚許自己今天的努力並得到充實感。

從日常生活中消除微小的不安。

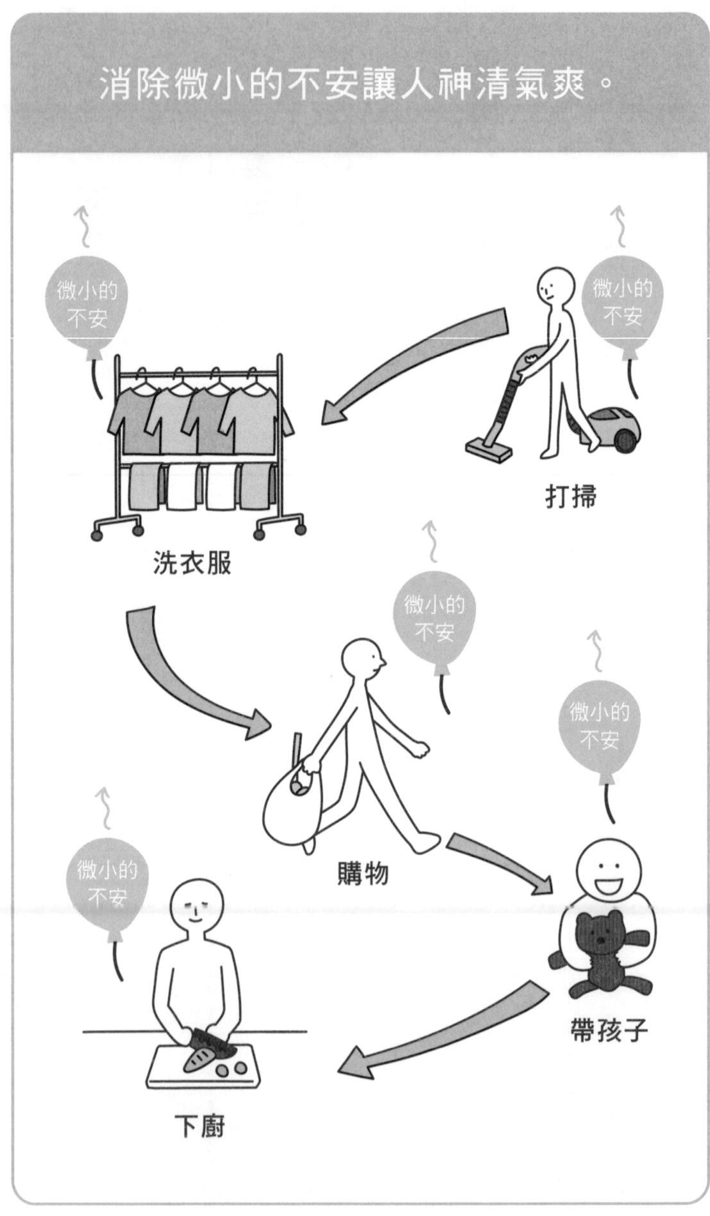
消除微小的不安讓人神清氣爽。
微小的不安
打掃
微小的不安
洗衣服
微小的不安
購物
微小的不安
帶孩子
微小的不安
下廚

保持平常心的10個方法

4 享受獨處

★不要怕獨處。
★享受一人時光很重要。
★過著充實的一人時光，就不必迎合別人。

獨處比你想的更愉快

我觀察年輕世代的朋友，總覺得他們極度害怕脫離人群，拚命在社群媒體上與人產生連結，或是一味迎合身邊的同學或同事。**其實不必害怕脫離人群，只要獨處時能過得有意義就好。**

每個人都一定有機會獨處，就連你的同事或同學也會一個人吃飯或搭車，也有

人過著獨居生活。我們待在職場和學校的時間確實很長，但都只是人生的一部分，並不是全部。

許多人都很積極享受獨處的時光，例如一個人旅行、看電影、唱ＫＴＶ或吃燒烤。一個人很自由，可以想做什麼就做什麼，不會用負面的眼光來看待孤獨，反而過得充滿活力。

每個人都應該具備享受一人時光的感性。假如你已經對人際關係感到疲憊，大可製造一人時光並享受孤獨。

擁有自己的小世界更自由

人們總說那些一直關在房間裡打電動或看動畫的人很孤單，但我覺得這樣的生活並不壞。

比起顧慮別人，自我忍耐，埋首去做喜歡的事更自由又充實。有人對遊戲和動畫研究成精，還能靠興趣賺錢，過得很幸福。

即使不擅長溝通也沒關係，**若你一個人也能過得充實，就不必勉強自己迎合別**

人，也不必擔心一個人很孤單或被排擠。

不迎合別人，擁有自己的世界——這就是拒絕不安綁架的生活方式。

要有時間獨處，別害怕脫離人群。
一個人唱 KTV
一個人吃燒烤
一人世界很輕鬆
一個人旅行
一個人打電動

5

擁有職場以外的歸屬

★要在職場或學校以外擁有喘息之地。
★有多個歸屬能讓你勇於表達自我。
★歸屬越多，不安越少。

你的歸屬絕對不止一個

只有一個歸屬的人很容易被不安綁架。

假如有些人認定職場就是一切，他就會覺得一旦在職場上惹人討厭就完蛋了。相較之下，**有些人除了職場之外還有其他歸屬，心態就會從容許多**，不怕惹人討厭，更敢說出自己的主張，職場對他而言待起來就自在了。

所以要在職場和學校以外的地方，有自己的歸屬和喘息之處。你可以果斷把職場上的人際關係全都當作點頭之交，和他們保持適當距離，不參加同事的飯局邀約，而是好好珍惜陪伴家人的時光。假如你在家中沒有立足之地，就加入同好會或才藝班。

D是個上班族，他利用下班時間參加每週兩次的線上英文會話課，兩到三名學生用互相對話的形式來練習英文。

參加課程的學生都是和他年紀相仿的上班族，彼此在工作上有類似煩惱，因此很快就意氣相投，課程結束後也經常交流。

「我要在多益考到高分，實現派駐海外的夢想！」

「我要跳槽到外商公司！」

互相訴說夢想的時光非常愉快。D先生發現，自從他開始上英文會話課之後，職場和家庭帶來的壓迫感都消失了。

他找到了令人安心的歸屬，從不安中獲得解放。

擁有歸屬能夠緩解不安

不過，即使不締結新的人際關係也無妨，重點在於你是否在學校和職場以外擁有自己的立足之地。

一個人上健身房，默默運動流汗；擔任志工，參與地方上的清潔活動。只要能擁有自己的多個世界，要怎麼過日子都取決於你。

擁有好幾個歸屬，內心的不安就會縮小，能夠和它保持一定的距離。

擁有多個立足之地，心情更有餘裕。

只有工作的人，要尋找其他歸屬。

✕ 把職場當作唯一歸屬的人

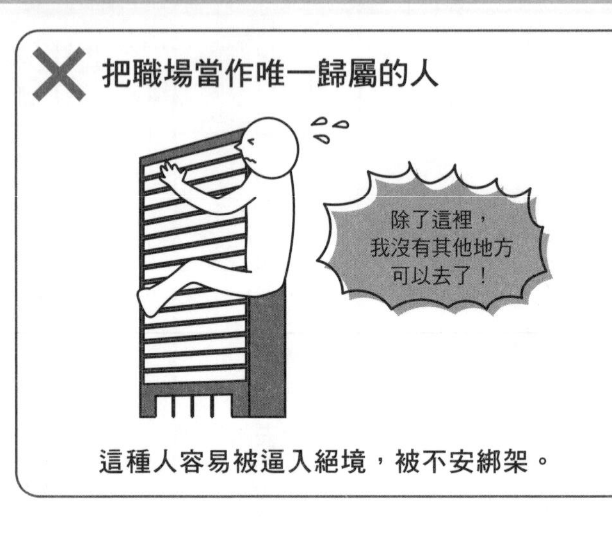
除了這裡，
我沒有其他地方
可以去了！

這種人容易被逼入絕境，被不安綁架。

○ 擁有多個歸屬的人

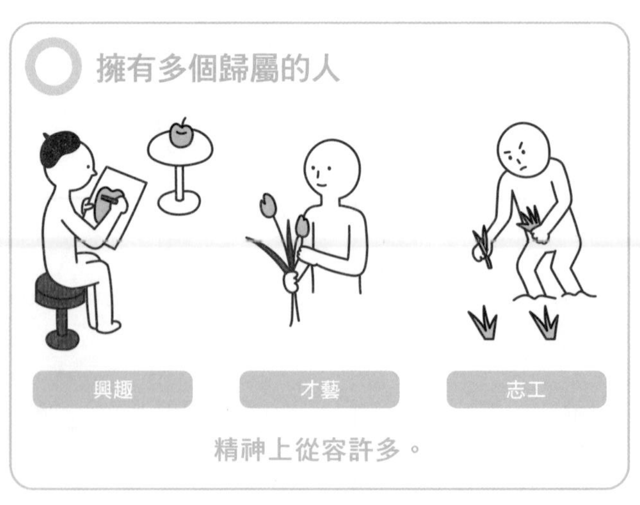
興趣
才藝
志工

精神上從容許多。

6

將不安具體寫下

★寫下煩惱，能讓你冷靜。
★與其花時間煩惱，你還有可以積極去做的事。
★寫日記時要把事實和想法分開寫。

書寫能幫助整理心情

把不安的事具體寫下來是面對它的有效方法。

首先，透過書寫，把煩惱明確區分成能解決、無法解決、高機率和低機率幾類，接著優先處理能解決和高機率的事，做出有建設性的應變。

書寫祕訣在於不寫症狀，只寫態度。森田療法的關鍵字之一是不問症狀本身。

比方說，頭痛時不要寫頭痛，而是寫你頭痛時做了什麼，得到什麼結果。

森田療法會問病人：「頭痛讓你怎麼了？」如果病人回答頭痛讓他無法出席會議，就再反問：「雖然沒能開會，但你做了些什麼？」

追根究柢地詢問病人抱著什麼態度，引導他把注意力放在「至少看了信件」這件事情上。

實際寫下來，就會發現那些不安沒什麼，或是察覺自己老是為了同一件事感到不安。也就是說，書寫能讓我們冷靜下來。

把事實和想法分開寫

我建議大家寫日記時，把事實和想法分開寫。假設主管叫你去見他，你就忍不住擔心他是不是要將你調職。這就是把事實和想法混為一談了。

「被主管叫去」是事實，「搞不好要把我調職」是想法，若能把兩者分別寫下來，就能理解「還沒有確定要調職」。

將事實和想法分開，思考「想法」成真的機率。

假設你寫下「調職的機率是七十％」，就能轉而思考剩下的三十％可能是什麼。思考各種可能性，能幫助你擺脫主觀意識造成的不安。

寫下擔心的事，情緒就能恢復平穩。

把不安的事寫下來，才能有建設性的思考。

書寫不安的祕訣

1 只寫態度，不寫症狀

例如：我很不安，但還是把工作完成了。

2 先處理「能解決」或「高機率」的事

例如：總之先專心做眼前的專案。

寫日記的祕訣

1 將「事實」和「想法」分開寫

例如：事實→被主管叫去。
想法→搞不好要將我調職。

2 思考各種可能性

例如：調職的機率是 70%。
升遷的機率是 10%。
降職的機率是 10%。
只是閒聊的機率是 10%。

7

找外界的人當心靈導師

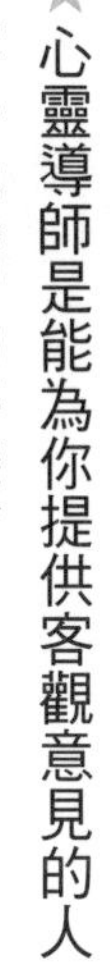

★心靈導師是能為你提供客觀意見的人。

★不安是學習的好機會。

★要接觸不同領域的價值觀。

向心靈導師尋求建議

以提倡「失敗學」廣為人知的東京大學名譽教授畑村洋太郎先生曾提出一個有趣的建議，那就是讓屆齡退休的員工擔任公司的顧問。在職員工會向顧問諮詢一些煩惱和不安。顧問很了解公司的狀況，而且和公司已經沒有直接的利害關係。

顧問會給出很具體的建議，例如「犯下這點失誤也沒有大礙」、「可以找○○

部門的某人幫忙處理」等等。教授的這項建議真的很有趣。每個人都要擁有近在身邊的心靈導師。即使只有一個也好，心靈導師能針對你的不安給予客觀意見，有他在就能安心。

我自己就有好幾個心靈導師，透過聚餐等機會接觸各行各業的人，向他們提問並獲取意見。很多令人不安的事只要有知識和資訊就能解決，我們可以把不安當作一個學習的機會。

接觸不同的價值觀很受用

如果可以的話，我建議你在職場以外尋找心靈導師。同事的價值觀往往和你相似，但職場以外的人能從其他觀點給你建議。假設你告訴同好「我很擔心自己能不能順利升遷」，同好說不定會回答「不升遷也無所謂」、「升遷了會更忙，我寧願把時間用在興趣上」。

每個人的價值觀和想法都不一樣，和價值觀不同的人來往，會讓你發現自己的觀念已經僵化。

即使你不尋找心靈導師，**也要去接觸未知的世界**，例如透過社群服務和居住在國內外的外國人交流。光是稍微了解外國人的價值觀，想法就會彈性許多。

除此之外，還有其他機會能夠接觸不同的價值觀，例如去平常不會去的店家用餐，或是和不同年齡性別的人聊天。我希望各位能積極製造這樣的機會。

許多問題都能靠知識或資訊解決。

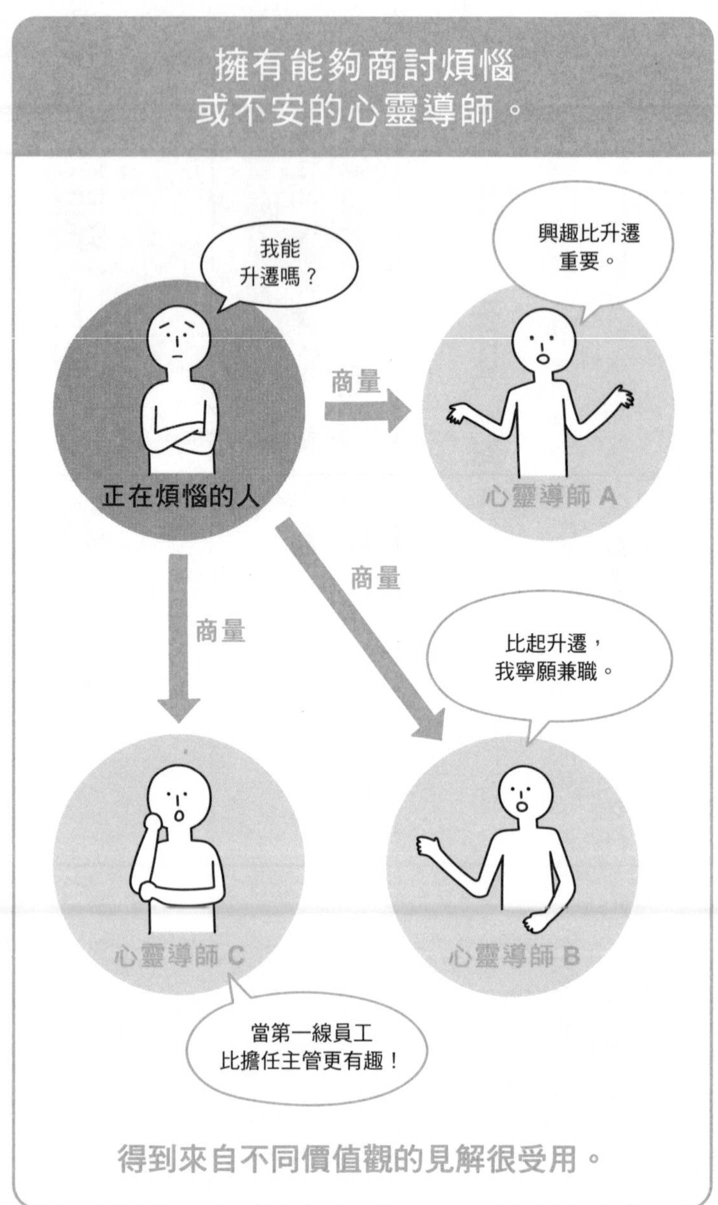
擁有能夠商討煩惱
或不安的心靈導師。
我能
升遷嗎？
正在煩惱的人
商量
興趣比升遷
重要。
心靈導師 A
商量
比起升遷，
我寧願兼職。
心靈導師 B
商量
心靈導師 C
當第一線員工
比擔任主管更有趣！
得到來自不同價值觀的見解很受用。

保持平常心的10個方法

8

累了就好好休息

★保留餘力才能正確下判斷。
★充足的睡眠能讓人身心都游刃有餘。
★人被禁止做事時，反而會想去做。

陷入瓶頸時，先休息就對了

在腦科學領域中，血清素分泌不足，人就會焦躁不安。若要避免血清素不足就必須攝取充分的蛋白質，它是人體製造血清素的必要材料。此外，曬太陽和調亮室內光線也能促使血清素分泌。

此外，充足的睡眠也很重要。人在精神上沒有餘力時，容易失去冷靜判斷的能

力，為了身心健康，充足睡眠是不可或缺的。另外，一天曬太陽三十分鐘能夠調整生理時鐘，提升夜間睡眠品質。

面對陷入瓶頸，成績一落千丈的考生，我會建議他們休息個兩三天，好好睡覺。好好休息兩三天是最有效的良藥。

讓身體休息不等於讓心休息，若要讓心休息，稍微動動身體反而有效，例如在住家附近散步或從事喜愛的運動。若整天躺著會讓你憂鬱，就試著活動身體吧！

休息一週會讓人想做事

在森田療法中，醫生在治療因身心症住院的病人時，前七天會不讓病人做任何事，只能躺床。這一週稱為「絕對臥床期」。這個治療方法是要藉由休息一週，讓病人體驗不同於焦慮和不安的感覺。

大家可能覺得一週內什麼都不做會讓人不安，而前三天也確實如此。

但是一週後，病人就不會想東想西，而是變得非常想要做事，因為不安的情緒會變成求生欲望。

人要是什麼都不做，反而會忍不住想做些什麼。既然你已經很累了，就狠下心休息一週吧！這樣將能得到很棒的充電效果。

為了保有餘力，充足睡眠不可少。

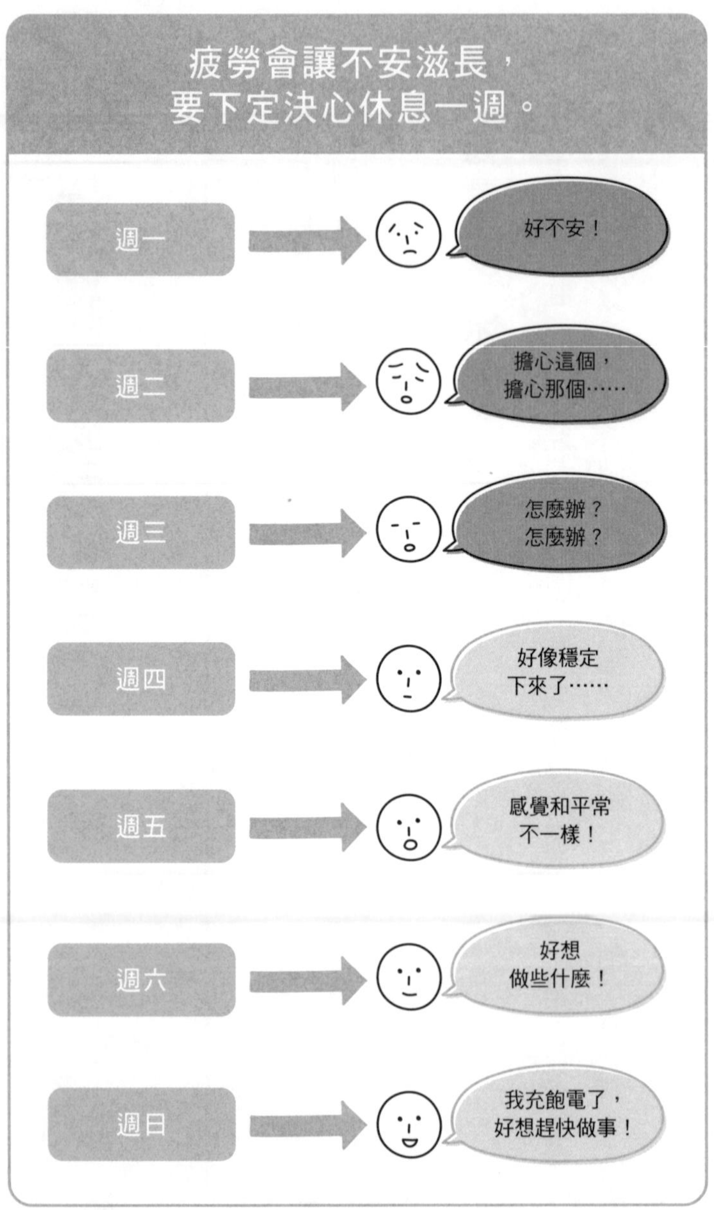
疲勞會讓不安滋長，
要下定決心休息一週。
週一
好不安！
週二
擔心這個，
擔心那個……
週三
怎麼辦？
怎麼辦？
週四
好像穩定
下來了……
週五
感覺和平常
不一樣！
週六
好想
做些什麼！
週日
我充飽電了，
好想趕快做事！

9 接納不安的自己

★不必隱藏不安，做自己就好。
★人無法隨意控制。
★感到不安時就順其自然。

與其隱藏不安，不如做自己

汽車業務員E先生外表看起來外向，其實有怯場的困擾，只要和人對話就會緊張，滿臉通紅而無法好好答話。我對他的第一印象是：「他恐怕不適合當業務員吧。」

然而，E先生的業績讓我大吃一驚。別說和公司同事比了，他的業績在該地區

數一數二，是個王牌業務員。他確實很容易怯場，但他很努力又真誠，笨拙的說話方式反而博得客戶的好感和信賴。

頂尖業務員中經常有木訥的人，他們能讓客戶感受到真誠！相反的，舌粲蓮花反而讓人有種強迫推銷的感覺。

這樣一想，怯場與其說是缺點，不如說是他的武器。要是克服了怯場，他很可能反而會失去優勢。

他的案例給我們一個啟示，那就是不安的人總怕別人知道自己很不安。但是，這樣做反而會加重不安。不要刻意隱藏不安，而是做自己，這樣才能活得輕鬆。

人沒有控制能力

森田療法的創始人森田正馬醫師對怕臉紅的病人說：「在我面前，你要盡量臉紅。」但是，無論他如何鼓勵，病人的臉還是完全沒有變紅。

最後，他告訴病人：「當你想要臉紅，臉怎麼樣都不紅；但是當你不想臉紅，臉就會變紅。也就是說，人是沒有控制能力的。」

如同森田醫師所說，人無法隨心所欲地控制一切。即使感到不安還是要順其自然，接納最真實的自己才是聰明的做法。

不要怕被別人知道你很不安。

人無法掌控一切，順其自然吧！
容易怯場的業務員
呃、那個……
我是說……
他很不會說話，
但感覺很真誠。
不擅長人際溝通的業務員
一片沉默
早點做完
就可以玩樂了！
擔心生病的主婦
船到橋頭自然直，
先運動吧！

保持
平常心的
10 個方法

10

要有期待的目標

★忙碌時，要暫停下來回顧每一天。
★心能在享受樂趣時，暫時擺脫不安。
★擁有大目標，每天都充實！

懷抱希望就能找到價值

上班族F先生在年屆四十時突然對未來感到焦慮。「我現在單身，今後也沒有成家的打算，公司業績也不算好，不知道未來該怎麼辦？」

這時，他在雜誌上看到有人從事皮革雕刻的副業，覺得很心動。「能夠親手製作東西真棒！我有一天也想試試看！」

於是，他報名了在週末上課的皮革雕刻課程，和年輕朋友們一起學習。每天下班之後，他都會自己做些小東西。

F先生有了在網路上販售自己的作品的目標，從此開始研究電子商務，後來他發現自己在職場上累積的經驗能派上用場，上班更有幹勁。

「我本來每天都那麼不安，回過神來卻發現我把它完全拋到腦後了。現在規劃開店的事最讓我開心了！」

若能像F先生一樣**對將來抱持希望，不安就沒辦法趁虛而入**。即使不安不會消失，但我們能更從容地和不安共處。

從生活中找樂趣

若你找不到大目標，可以**先從生活中找樂趣**。一週內只要三個就好，你應該找得到，以三個樂趣為目標，愉快地度過一週。

例如事先訂好藝文表演的票，在不加班的日子去看；開一瓶有點高級的洋酒，或是沉迷於組裝模型的興趣中都可以。

每天過得太忙碌，以至於忘了自己的樂趣在哪裡，這時**你要停下腳步，回顧自己的生活**。

每天早上來杯愛喝的咖啡，或是觀看必追的電視劇。即使只是一點小事也可以，要花心思品味小小的樂趣，例如使用高級咖啡豆，或是換一個高級茶杯。**即使感到不安，我們的心仍然能在享受樂趣時獲得解放**。

對將來產生希望，就能減輕不安。

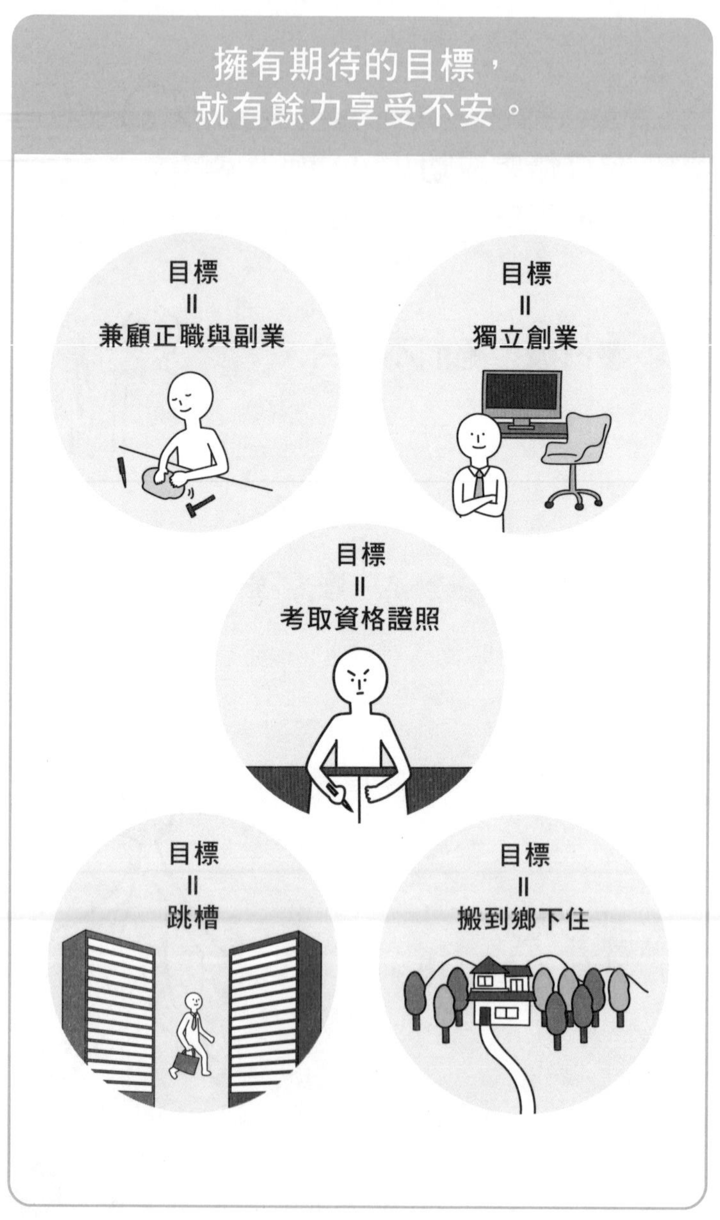
擁有期待的目標，
就有餘力享受不安。
目標
＝
兼顧正職與副業
目標
＝
獨立創業
目標
＝
考取資格證照
目標
＝
跳槽
目標
＝
搬到鄉下住

和不安共處的練習題❸

第 1 題　有心儀對象該怎麼做？

A 有可能會成功，
向他告白。

B 害怕被拒絕而不告白。

第 2 題　瑣碎的雜事要怎麼處理？

A 放著不管也不會怎樣。

B 把它做好，
才能沒有牽掛。

答案　第1題　A （→ P.132）　第2題　B （→ P.140）

第3題 疲於應付別人時該怎麼辦？

A 和更多人聊天。

B 保留獨處的時間。

第4題 如何不被不安壓垮？

A 擁有許多個歸屬。

B 仰賴唯一的歸屬。

答案

第3題 B（→P.144）

第4題 A（→P.148）

第 5 題　寫日記的技巧是什麼？

A　把事實和想法分開寫。

B　想到什麼寫什麼。

第 6 題　怎麼做才能活得輕鬆？

A　隱藏不安並逞強。

B　做自己。

答案　第5題　A （→ P.152）　第6題　B （→ P.164）

附錄

把不安化為動力的小習慣

習慣
1

捨棄「就該這樣」的刻板印象

「我身為上司，就該當部下的榜樣！」

「我就應該要兼顧工作和家事！」

這種「就該這樣」的觀念反映出當事人的理想，但理想和現實是兩回事。若「就該如何」的觀念太強烈，就會讓人不滿現狀和理想有落差，進而被不安綁架。想過十全十美的生活本來就不可能，所以我們要認清現實，朝著理想努力。

理想和現實有落差，要認清現實。

人生很難盡如人意

接受現實，
生存的動力就會湧現。

習慣
2

不理會別人的不安情緒

正面思考的人和負面思考的人身邊會有同類聚集，也就是說想法和情緒會傳染給別人。如果不想感到不必要的不安，就不要靠近負面思考的人。

假如你不得不在職場上和這樣的人打交道，即使對方將不安發洩在你身上，你也要無視，用一句「你沒必要那麼不安」輕輕帶過。

要小心不被別人傳染負面思考和情緒。

不理會別人的負面情緒

遇到負能量時……

不靠近　　**輕輕帶過**

小心別被傳染負能量！

習慣 3

不過度解讀別人的話

有人一被上司唸了就非常在意，擔心自己要是重蹈覆轍就會在職場上失去立足之地，心裡越來越不安，其實他只是過度解讀了上司的話。

所以，不要自己亂猜測話語背後的含意而上演內心小劇場。對方說了什麼，你就照字面上理解即可。

過度推測話語背後的含意會讓人不安。

坦率接受對方說的話

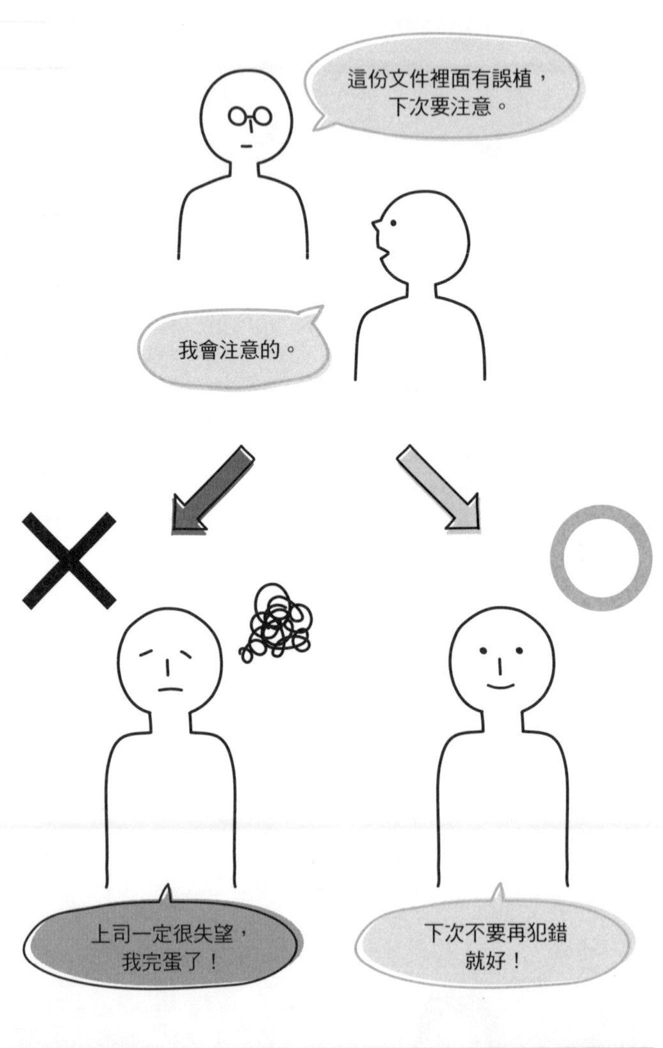

不過度解讀對方說的話。

習慣 4

和社群保持適度距離

如果你太在意臉書的按讚數，沒人來按讚就會不安的話，這是本末倒置。滿腦子想著社群媒體會造成心理負擔。當你覺得自己被它制約時就設下一些限制，例如只回應摯友的貼文，其他點頭之交就先不管。若有人問起，只要說最近都沒上線就好了。

若社群媒體造成情緒負擔，就設下一些限制。

不要被社群媒體制約

✕ 經常在等人來按讚

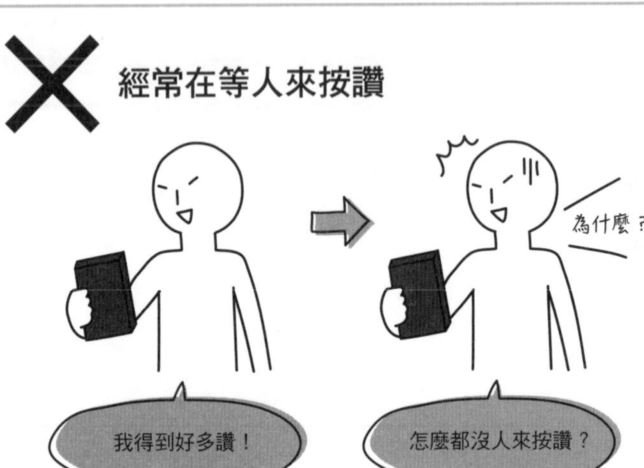

○ 在社群網站上只和摯友交流

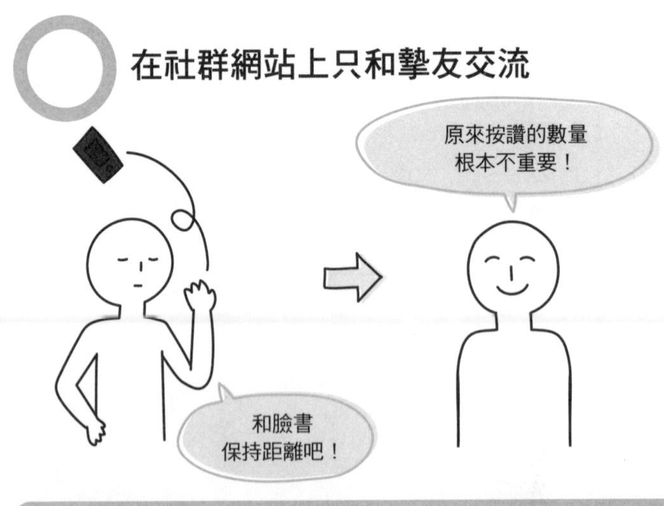

若你太沉迷社群媒體，
就要和它保持距離。

習慣
5

向哲學家學習解決方法

對於人生中常遇到的煩惱，海德格（Martin Heidegger）、沙特（Jean-Paul Sartre）和尼采這些哲學家也同樣煩惱並多方思考。因此，**閱讀哲學書籍並從中取得對人生的建議是個好方法**。

大家只要選擇通俗的入門書來閱讀，就能知道哲學家如何從煩惱中得到答案。哲學書籍是能夠幫助你面對煩惱的祕笈。

哲學書籍能幫你解決煩惱。

來閱讀哲學書籍吧！

❶ 閱讀哲學書籍

（例）
尼采《查拉圖斯特拉如是說》
（Also sprach Zarathustra）
沙特《存在主義是一種人道主義》
（L'existentialisme est un humanisme）
海德格《存有與時間》（Sein und Zeit）

❷ 從哲學家身上得到建議

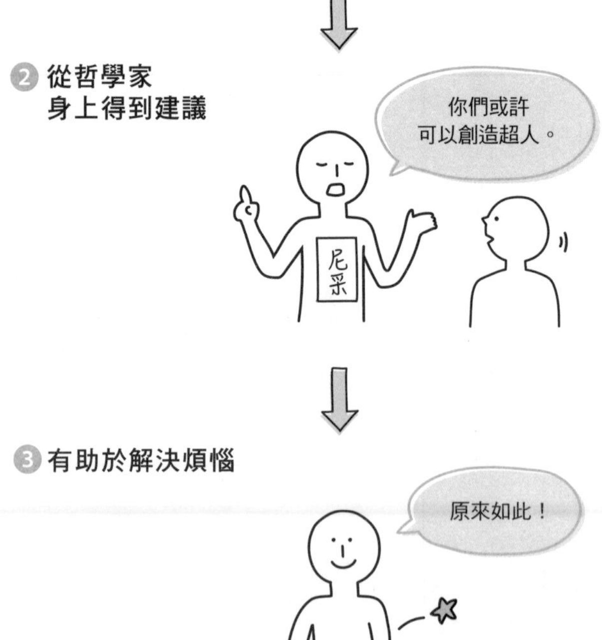

❸ 有助於解決煩惱

拜偉大的哲學家為師。

習慣

6

要有能自豪的擅長領域

若你認為自己什麼都不會而惶惶不安，可以透過別人的讚賞找回自信。同好會就是個能讓你得到讚賞的地方。**發展拿手的興趣，容易做出成果。**

若你參加五人制足球隊，在球場上大顯身手，得到隊友的稱讚，心情就會變好。靠著他人的讚賞來培養自信，就不會被不安壓垮。

得到別人的稱讚就能找回自信。

投入興趣和長處

❶ 同好會

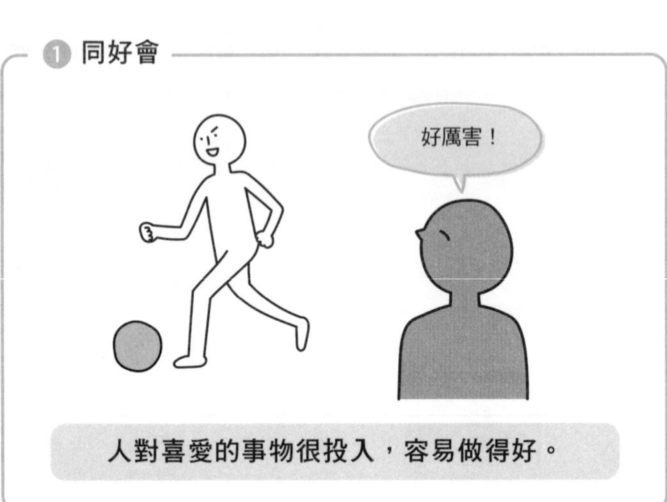

人對喜愛的事物很投入，容易做得好。

❷ 特技

在自己的強項上好好發揮。

要多多投入興趣和發揮長處。

習慣
7
誇獎自己

除了得到別人的誇獎之外，誇獎自己也是個有效的方法。比方說，在工作中途低聲對自己說：「我好努力！」、「我做得很好！」能讓心情變好。

養成誇獎自己的習慣不僅能讓心情好轉，還會湧現動力，認為自己彷彿什麼事都辦得到。你要不斷誇獎自己，讓每天都過得充實。

誇獎自己能提升動力。

自誇比自責好

在工作中途
稍微暫停。

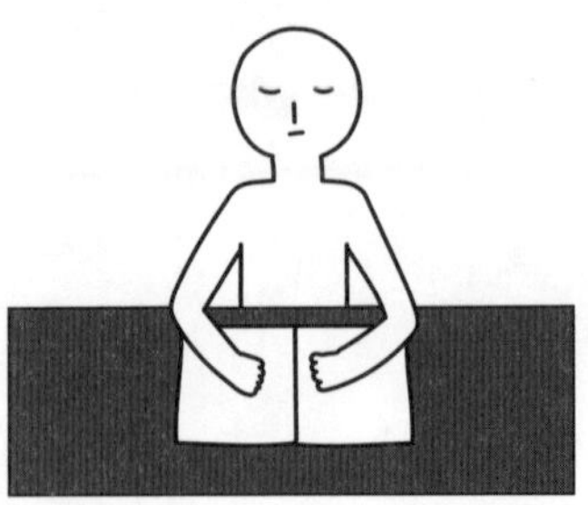

稱讚自己
「做得好」。

心情變好，
動力提升。

關注自己的努力。

習慣
8

不會看臉色也無妨

當一個人擔心自己不會看氣氛時，不安的情緒就會高漲，經常想要迎合別人的意見，不敢說出自己的主張。

但是，冷靜一想就明白人們的意見和喜好本來就不一樣，也沒人能夠博得所有人的歡心，所以就算不合群也無所謂。

想法和喜好本來就見仁見智。

不看他人臉色，貫徹自己的主張

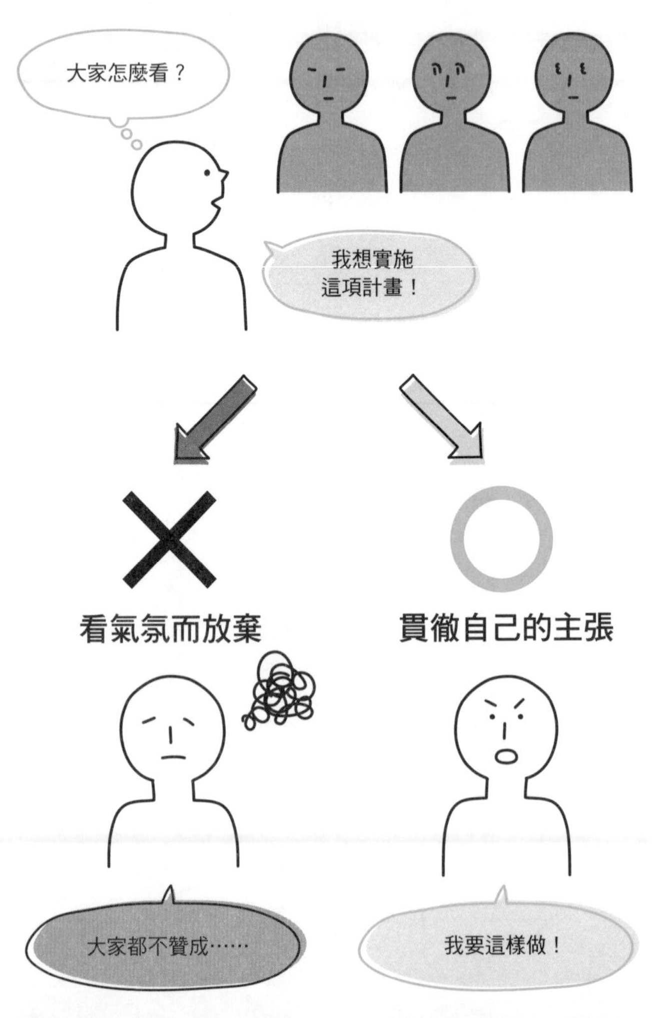

一直迎合別人
會無法去做自己想做的。

習慣 9

順勢而行

挑戰新事物時，我們無法確定百分之百會成功。但是，與其怕東怕西，不如放膽去做，等遇到困難再說。

大多時候，等到發生意料之外的情況後再想辦法也不遲。別冒著那些一旦失敗就沒得挽回的龐大風險，而要順勢而行，選擇風險較小的事物去挑戰。

與其怕東怕西，不如放手去做。

下定決心採取行動

遲遲沒有結論的問題

跳槽	⟷	繼續現在的工作
結婚	⟷	享受單身
搬到郊外	⟷	住在大都市
向上司表達意見	⟷	保持沉默
向喜歡的人告白	⟷	放棄告白

與其想東想西，
不如下定決心行動。

就算一開始不順利，
事後都能補救。

習慣

10

挑戰時要分散風險

創立日本麥當勞的藤田田先生說：「當我有了資金，會分成三份挑戰三次。」

第一次創業時大都會失敗，所以第二次要修正缺點再次挑戰。第二次當然還是有可能經營不順，但還剩下三分之一的資金，能夠再挑戰最後一次。若試了三次還行不通，就能認清自己經營手腕不佳並果斷放棄。

起初很可能失敗，
所以要分散風險。

不要一次決勝負

❶ 用三分之一的資金創業。

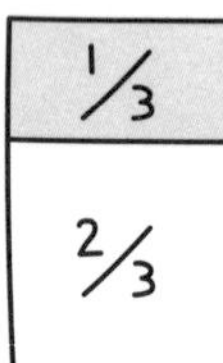

❷ 若失敗了，改進缺點再挑戰。

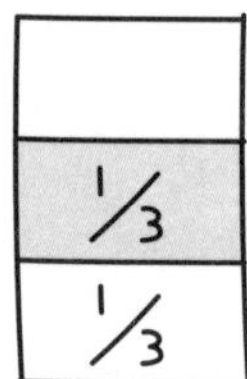

❸ 再不行的話，用剩下三分之一的資金進行最終挑戰。

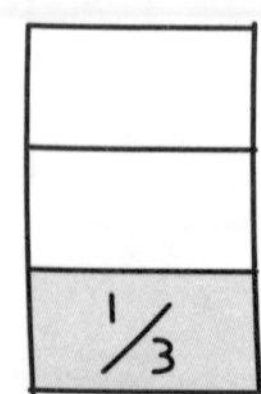

分散風險能提高成功機率。

習慣

11

不一定要和大家一樣

假設有個實驗研究「稱讚與責罵哪個比較有助於成績進步」，並證實有七成的孩子在師長的稱讚下成績進步了，心理學家便會根據實驗結果做出「稱讚才能讓人做出好成果」的結論。

但是，自己的孩子不一定屬於多數派，多數派的方法不一定有效。因此，不要太相信大眾，多方嘗試更重要。

許多人用過的成功方法，不見得對你有效。

別太相信多數派的方法

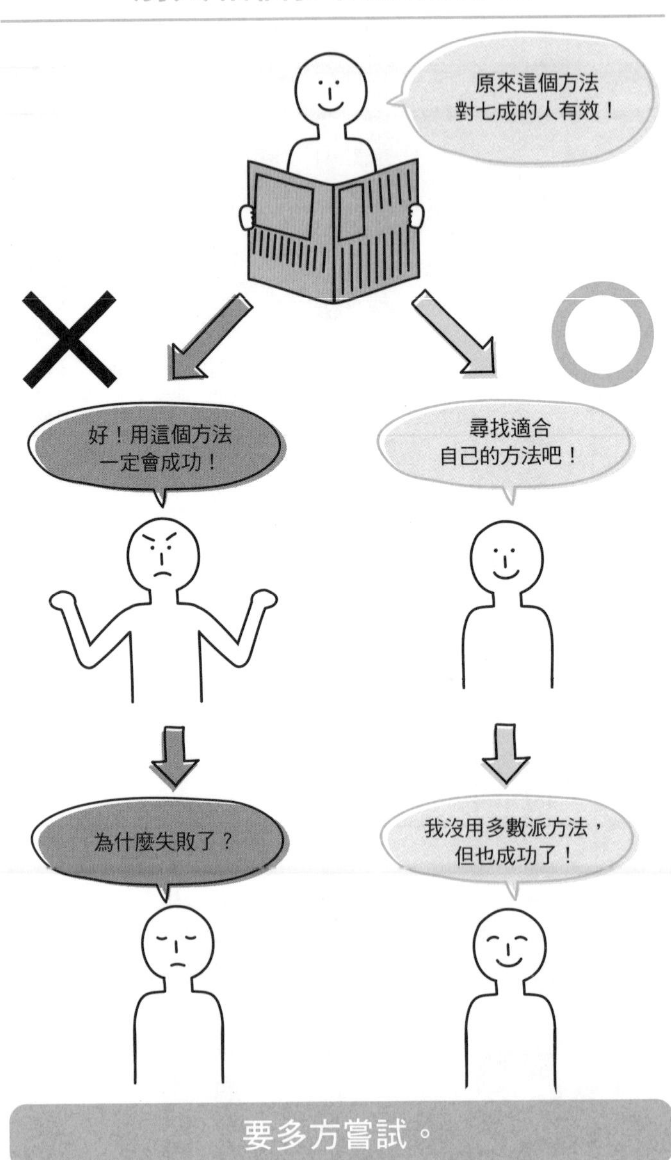

要多方嘗試。

習慣

12

預留時間思考

以轉帳詐騙為例，這種犯罪手法就是不給我們時間思考，導致被害者做出錯誤判斷。假如沒有時間限制，能夠冷靜下來好好思考的話，就會發現不合理的地方並看穿謊言。

「我會仔細考慮後再答覆」雖然聽起來很官腔，但很多事情的確不研究就無法回答。**重要的事情就必須花時間慎重得出結論。**

越重要的事情，越要花時間考慮。

停下來思考很重要

在不安之下衝動行事

容易上當受騙。

花時間判斷

重要的事最好要慎重。

少了時間限制就能正確判斷。

習慣

13

模仿優秀的人

我在高中二年級之前的成績都敬陪末座，是因為找到了正確的讀書方法才應屆考上東大。我的方法是模仿學長姊和會念書的同學。簡單來說，如果想要考上東大，就模仿考上東大的人；想要當老闆，就模仿成功企業家。若你執著於自己的做法會導致不安，不如模仿別人。

模仿成功者就能得到好結果。

模仿別人會做得更好

模仿資優生的學習方法

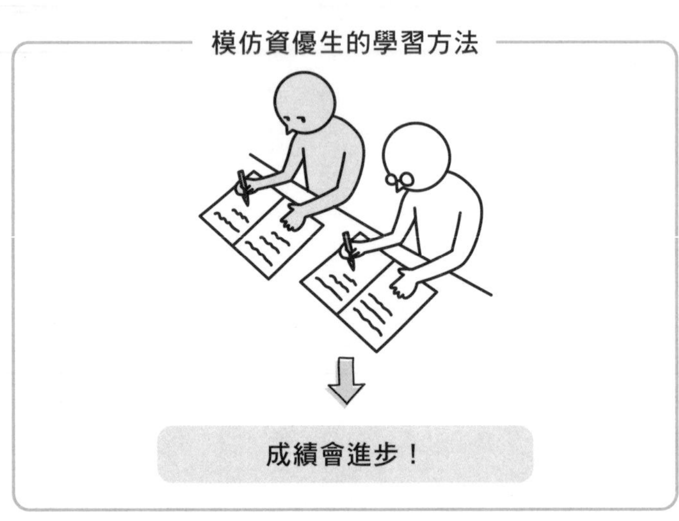

成績會進步！

模仿成功企業家的經營方法

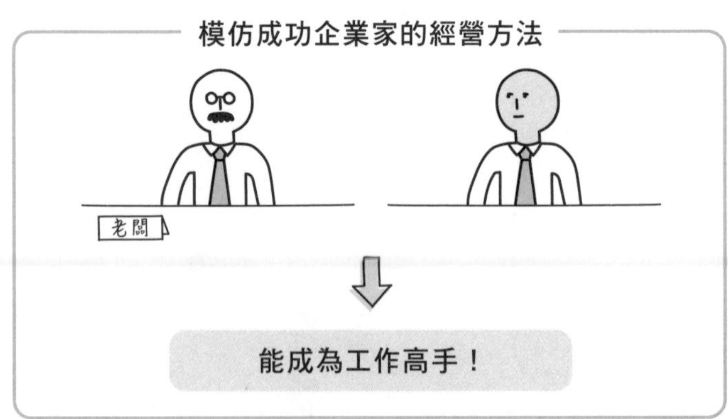

能成為工作高手！

不堅持自己的做法，盡情模仿別人。

習慣
14

從第三者的角度凝視不安

從第三者的角度看自己，這稱為「後設認知」（metacognition），也就是從空中觀察自己。在與不安共處時，後設認知很重要。

若你想讓後設認知發揮功效，參考自己過去基於不安而失敗的經驗很有效。除此之外，你還要透過後設認知來思考**擔憂的事發生率有多高**，或是失敗的後果會如何等等。

參考之前的失敗經驗就能冷靜行動。

從第三者的視角看自己

從空中觀察不安的自己

參考以前的失敗經驗，
評估壞事成真的機率。

冷靜行動

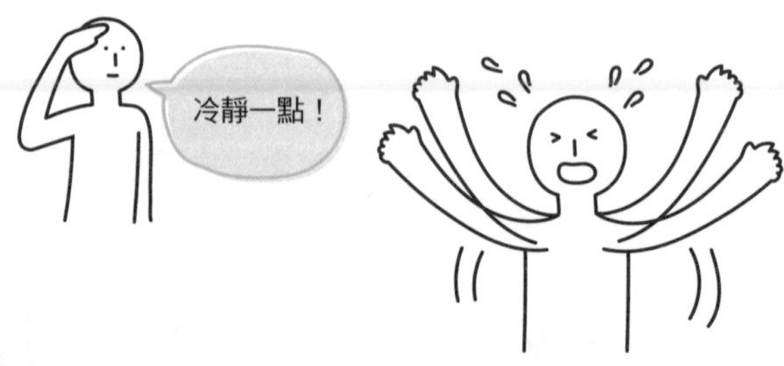

客觀看待自己，就能冷靜下判斷。

習慣

15

思考「如果不會不安之後要做什麼」

如果你煩惱自己會怯場，就要轉移注意力，想一想：「假如不會怯場，我想做什麼？」

想像不怯場的自己如何與人交流、有多麼受歡迎，就**能夠和「怯場」這個煩惱拉開距離**，還能勇敢踏出第一步。例如穿一套體面的服裝，讓別人留下好印象。

想像不安消失的情況，就能和不安保持距離。

和不安拉開距離，並且想一想

會在人前怯場。

思考「不怯場的話要做什麼」。

能夠和「怯場」的煩惱拉開距離。

想像不安消失了，就能踏出一步。

習慣

16

問別人如何看自己

不擅長說話討好別人的人往往會認為這是自己的缺點，但身邊的人說不定認為這樣的人很老實，是個優點。

人比想像中更不了解自己，所以要向親朋好友詢問自己的優點和魅力是什麼，並且積極發揮它。

要發揮自己在別人心目中的優點。

詢問別人對自己的看法

或許能向別人問出自己不知道的優點。

後記　化不安為動力的生活方式

美國密西根大學（University of Michigan）團隊的研究，證實人們擔心的事有八十％都沒有發生。也就是說，有八十％的不安都是自尋煩惱。實際會發生的壞事只占了二十％，而且其中的十六％只要事先做好準備就能應付。這樣算來，**真正該擔心的只剩下四％**。

根據我自己的親身經歷，以及身為精神科醫師診斷眾多病患的經驗，我也認同這項研究結果。**你所擔心的事幾乎不會發生**，所以要累積更多知難行易的經驗。

假設上司接連把分外的雜事推給你做，你雖然想要拒絕，但不知道上司會有什麼反應，也擔心自己在職場上會很難待下去，越想越不安。不過，若你趁某次機會拒絕上司的命令，什麼事都沒發生的機率比你想像中還高。上司可能會找別人做，或是乾脆自己做。

我想告訴大家的是，與其想像壞事發生而惴惴不安，不如先做了之後再想辦法。任誰都不想失敗或遇上麻煩，但沒有人能夠不經歷失敗和麻煩。更重要的是，就算發生了煩心事，也不代表人生就此完蛋。

此外，森田療法的概念是**改變能改變的事，對不能改變的事死心**。如果你一心只專注在無法改變的事情上，不安就會不斷滋長。**既然如此，就把注意力放在能夠改變的事情上**。

以容易臉紅的人為例，與其為了討人喜歡努力治好臉紅，不如露出笑容或增進談話技巧；對疫情的憂慮，就只好做些能夠維持身心健康的事。

前面提過不安的背後隱藏著求生欲望，而不安本來就是人類會有的情緒。因為我們有想要活得更好的欲望與企圖心，所以才會感到不安。這時是要選擇為了實現求生欲望而努力，還是選擇逃避，都取決於自己。

森田醫師說，人類無法控制情緒和消除不安，但能夠掌控自己的行為。**我們能夠憑自己的意志選擇要採取什麼行動**，所以你要努力去感受自己心裡的求生欲望，並且思考如何實現，而不是被不安擺布。

因為這波新冠肺炎疫情，越來越多人不和人交談，關在家裡不見天日而導致疫

情憂鬱。光是二〇二〇年十月的自殺人數就比去年多了六百人以上。

不只是我，現在社會上很多人每天都懷抱著不安過日子，但即使在這種困境下，**我們還是有方法能夠前進**。

不管多小的改變，讓我們從辦得到的事情開始做起吧！我衷心希望各位能發揮求生欲望的建設性，度過多采多姿的人生。

和田秀樹

國家圖書館出版品預行編目資料

擺脫不安的 50 個情緒修補練習 / 和田秀樹作；伊之文譯 . -- 初版 . -- 臺北市：三采文化股份有限公司，2022.04
面； 公分 . --（Mind Map 236）
ISBN 978-957-658-779-5（平裝）

1.CST: 心理衛生 2.CST: 生活指導

172.9 111001764

◎封面圖片提供：
jesadaphorn ／ Shutterstock.com

Mind Map 236

擺脫不安的 50 個情緒修補練習

作者｜和田秀樹 譯者｜伊之文
日文編輯｜李媁婷 美術主編｜藍秀婷 封面設計｜李蕙雲
版權經理｜劉契妙 內頁排版｜陳佩君 校對｜黃薇霓

發行人｜張輝明 總編輯｜曾雅青 發行所｜三采文化股份有限公司
地址｜台北市內湖區瑞光路 513 巷 33 號 8 樓
傳訊｜TEL:8797-1234 FAX:8797-1688 網址｜www.suncolor.com.tw
郵政劃撥｜帳號：14319060 戶名：三采文化股份有限公司
初版發行｜2022 年 4 月 1 日 定價｜NT$380
3 刷｜2023 年 3 月 30 日

不安に負けない気持ちの整理術 ハンディ版（和田 秀樹）
HUANNIMAKENAI KIMOCHINO SEIRIJYUTSU HANDY VERSION

suncolor

suncolor

附錄 把不安化為動力的小習慣

第3章 保持平常心的10個方法

第2章 拒絕不安綁架的14個方法